2019年专利代理师资格考试试题解析

国家知识产权局专利代理师考试委员会办公室　编著

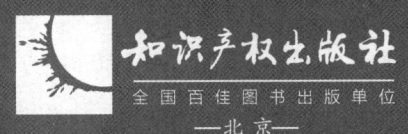

—北京—

图书在版编目（CIP）数据

2019年专利代理师资格考试试题解析/国家知识产权局专利代理师考试委员会办公室编著. —北京：知识产权出版社，2020.7（2020.8重印）（2022.2重印）

ISBN 978-7-5130-6916-8

Ⅰ.①2… Ⅱ.①国… Ⅲ.①专利—代理（法律）—中国—资格考试—题解 Ⅳ.①D923.42-44

中国版本图书馆CIP数据核字（2020）第077371号

内容提要

本书对2019年专利代理师资格考试各科试题进行了全面细致的分析解读，是广大考生复习、备考的手边工具书。

责任编辑：王瑞璞　　　　　　　责任校对：王　岩
封面设计：麒麟轩设计　　　　　责任印制：刘译文

2019年专利代理师资格考试试题解析

2019 Nian Zhuanli Dailishi Zige Kaoshi Shiti Jiexi

国家知识产权局专利代理师考试委员会办公室　编著

出版发行：知识产权出版社有限责任公司	网　址：http://www.ipph.cn
社　址：北京市海淀区气象路50号院	邮　编：100081
责编电话：010-82000860转8116	责编邮箱：wangruipu@cnipr.com
发行电话：010-82000860转8101/8102	发行传真：010-82000893/82005070/82000270
印　刷：三河市国英印务有限公司	经　销：各大网上书店、新华书店及相关专业书店
开　本：889mm×1194mm 1/16	印　张：8.75
版　次：2020年7月第1版	印　次：2022年2月第3次印刷
字　数：215千字	定　价：40.00元
ISBN 978-7-5130-6916-8	

出版权专有　侵权必究
如有印装质量问题，本社负责调换。

前 言

目前，2020年专利代理师资格考试的准备工作已经全面展开了。为了帮助参加2020年专利代理师资格考试的应试人员更好地进行复习，我们组织编写了《2019年专利代理师资格考试试题解析》一书。本书按照专利法律知识、相关法律知识、专利代理实务三个科目的先后顺序进行编排。对于专利法律知识和相关法律知识两个科目，除给出每道试题的题目及答案之外，还在知识点部分指出了试题涉及的重要概念和出题知识点，在解析部分对每道试题的各个选项进行了具体分析，指出法律依据并说明了推理、判断过程。对于专利代理实务科目，则是在提供2019年度考试试题的基础上，对答题要点进行了说明并给出参考答案。

希望本书的出版对应试人员的复习、备考能够有所裨益。由于时间和水平有限，本书的疏漏或不当之处在所难免，敬请读者指正。

国家知识产权局专利代理师考试委员会办公室
2020年4月

目　录

专利法律知识 …………………………………………………………………（1）
相关法律知识 …………………………………………………………………（55）
专利代理实务 …………………………………………………………………（101）
　专利代理实务考试试卷 ……………………………………………………（102）
　2019年专利代理实务题答题要点及参考答案 ……………………………（117）

专利法律知识

答题须知：

1. 本试卷共有 100 题，每题 1.5 分，总分 150 分。
2. 本试卷要求应试者在机考试卷上选择答案。
3. 本试卷所有试题的正确答案均以现行的法律、法规、规章、相关司法解释和国际条约为准。

一、单项选择题（每题所设选项中只有一个正确答案，多选、错选或不选均不得分。本部分含第 1～30 题，每题 1.5 分，共 45 分。）

1. 甲公司委托乙公司研发某产品，乙公司指定员工李某承担此项研发任务。后来，为了加快研发进度，甲公司又派员工周某参与研发。李某和周某共同在研发过程中完成了一项发明创造。在没有任何约定的情形下，该发明创造申请专利的权利属于下列哪个公司或个人？

　　A. 李某和周某　　　　　　　　B. 甲公司
　　C. 乙公司　　　　　　　　　　D. 甲公司和乙公司

【答案】D

【知识点】职务发明创造

【解析】根据《专利法》第六条第一款的规定，执行本单位的任务或者主要是利用本单位的物质技术条件所完成的发明创造为职务发明创造。职务发明创造申请专利的权利属于该单位；申请被批准后，该单位为专利权人。因此，本题中的发明创造属于职务发明创造，其申请专利的权利不属于李某和周某。因此，选项 A 不正确。

根据《专利法》第八条的规定，两个以上单位或者个人合作完成的发明创造、一个单位或者个人接受其他单位或者个人委托所完成的发明创造，除另有协议的以外，申请专利的权利属于完成或者共同完成的单位或者个人；申请被批准后，申请的单位或者个人为专利权人。本题中，甲公司起初委托乙公司进行研发，二者为委托关系，后来为了加快研发进度，甲公司派员参与研发，二者的关系从委托关系转为合作关系，因此，选项 B、C 错误，选项 D 正确。

综上，本题答案为：D。

2. 根据《专利代理条例》，下列哪个人或机构可以接受委托人的委托，以委托人的名义在代理权限范围内，办理专利申请或者其他专利事务？

　　A. 某产权交易所
　　B. 某获得专利代理机构执业许可证的律师事务所

C. 刚刚取得专利代理师资格的甲

D. 具有专利代理师资格且执业多年的乙

【答案】B

【知识点】专利代理资格

【解析】《专利代理条例》第二条规定，该条例所称专利代理，是指专利代理机构接受委托，以委托人的名义在代理权限范围内办理专利申请、宣告专利权无效等专利事务的行为。

《专利代理条例》第九条第一款规定，从事专利代理业务，应当向国务院专利行政部门提出申请，提交有关材料，取得专利代理机构执业许可证。《专利代理管理办法》第十四条第一款规定，专利代理机构只能使用一个名称。除律师事务所外，专利代理机构的名称中应当含有"专利代理"或者"知识产权代理"等字样。选项A某产权交易所，企业名称中没有"专利代理"或者"知识产权代理"等字样，不符合《专利代理管理办法》对于专利代理机构名称的特殊要求，不能取得专利代理机构执业许可证。由此可知，选项A错误。

《专利代理管理办法》第十二条规定，律师事务所申请办理执业许可证的，应当具备下列条件：（一）有独立的经营场所；（二）有两名以上合伙人或者专职律师具有专利代理师资格证。因此获得了专利代理机构执业许可证的律师事务所可以接受委托人的委托，办理专利申请等事务，选项B正确。

《专利代理条例》第十六条第一款规定，专利代理师应当根据专利代理机构的指派承办专利代理业务，不得自行接受委托。选项C、D均为个人，故错误。

综上，本题答案为：B。

3. 下面哪项属于外观设计的保护客体？

A. 蒙娜丽莎油画
B. 《王者荣耀》游戏界面
C. 刻有文字的花瓶
D. 依山而建的别墅

【答案】C

【知识点】外观设计保护客体

【解析】《专利法》第二条第四款规定，《专利法》所称外观设计，是指对产品的形状、图案或者其结合以及色彩与形状、图案的结合所作出的富有美感并适于工业应用的新设计。

选项A属于美术作品，选项B属于产品通电后显示的图案，选项D是取决于特定地理条件、不能重复再现的固定建筑物，因此均不属于外观设计的保护客体。选项C属于色彩与形状、图案的结合且适用于工业应用的新设计，故正确。

综上，本题答案为：C。

4. 甲于2019年2月10日在我国政府主办的一个国际展览会上首次展出了其研制的新产品。乙于2019年7月11日独立作出了与甲完全相同的新产品，并于2019年7月16日提出了专利申请。甲于2019年8月2日也提出了专利申请，并提出了不丧失新颖性宽限期声明且附有证据。下列说法中正确的是？

A. 甲的发明在其申请日前已经被公开，因此不能被授予专利权
B. 甲于 2019 年 2 月 10 日将其新产品进行展出的行为不影响其获得专利权
C. 乙的发明是独立作出的，因此可以被授予专利权
D. 甲的发明享有 6 个月的不丧失新颖性宽限期，因此可以被授予专利权

【答案】B
【知识点】不丧失新颖性的宽限期
【解析】《专利法》第二十四条规定，申请专利的发明创造在申请日以前六个月内，有下列情形之一的，不丧失新颖性：（一）在中国政府主办或者承认的国际展览会上首次展出的；（二）在规定的学术会议或者技术会议上首次发表的；（三）他人未经申请人同意而泄露其内容的。

申请专利的发明创造在申请日以前六个月内，发生《专利法》第二十四条规定的三种情形之一的，该申请不丧失新颖性，即这三种情况不构成影响该申请的现有技术。所说的六个月期限，称为宽限期，或者称为优惠期。宽限期和优先权的效力是不同的。它仅仅是把申请人（包括发明人）的某些公开，或者第三人从申请人或发明人那里以合法手段或者不合法手段得来发明创造的某些公开，认为是不损害该专利申请新颖性和创造性的公开。实际上，发明创造公开以后已经成为现有技术，只是这种公开在一定期限内对申请人的专利申请来说不视为影响其新颖性和创造性的现有技术，并不是把发明创造的公开日看作专利申请的申请日。因此，从公开之日至提出申请的期间，如果第三人独立地作出了同样的发明创造，而且在申请人提出专利申请以前提出了专利申请，那么根据先申请原则，申请人就不能取得专利权。当然，由于申请人（包括发明人）的公开使该发明创造成为现有技术，故第三人的申请没有新颖性，也不能取得专利权。

本题中，甲的公开行为影响乙专利申请的新颖性，因此乙的申请不能被授权。另外，虽然甲的公开在其专利申请日以前六个月的宽限期期限以内，但是根据先申请原则，甲的在后专利申请也不能获得专利权。由此可知，选项 B 正确。

综上，本题答案为：B。

5. 甲公司发明了一种新的为实现原子核变换而增加粒子能量的粒子加速方法 X。同时甲公司发明了一种设备 Y，设备 Y 能以方法 X 对粒子加速来完成原子核变换。假设方法 X 和设备 Y 满足其他授予专利权的条件，下列说法正确的是？
A. 只有方法 X 能被授予专利权
B. 只有设备 Y 能被授予专利权
C. 方法 X 和设备 Y 都不能被授予专利权
D. 方法 X 和设备 Y 都能被授予专利权

【答案】D
【知识点】不授予专利权的申请
【解析】《专利法》第二十五条第一款规定，对下列各项，不授予专利权：（一）科学发

现；（二）智力活动的规则和方法；（三）疾病的诊断和治疗方法；（四）动物和植物品种；（五）用原子核变换方法获得的物质；（六）对平面印刷品的图案、色彩或者二者的结合作出的主要起标识作用的设计。

《专利审查指南2010》第二部分第一章第4.5.1节中规定，为实现原子核变换而增加粒子能量的粒子加速方法，不属于原子核变换方法，而属于被授予发明专利权的客体。为实现核变换方法的各种设备、仪器及其零部件等，均属于可被授予专利权的客体。

本题中，方法X属于粒子加速方法，属于可被授予发明专利权的客体；设备Y属于为实现核变换方法的设备，属于可被授予专利权的客体。由此可知，选项D正确。

综上，本题答案为：D。

6. 下列申请主题哪个可以被授予实用新型专利权？
A. 一种添加有防腐剂的饮料　　　　B. 一种模具的制作方法
C. 一种包含有指纹识别装置的防盗锁　D. 一种表面图案为乘法口诀的扑克

【答案】C

【知识点】实用新型保护客体

【解析】《专利法》第二条第三款规定，实用新型，是指对产品的形状、构造或者其结合所提出的适于实用的新的技术方案。实用新型只保护产品，并且应当具有可以从外部观察到的确定的空间形状，所以选项A、B错误。

《专利法》第二条第三款所述的技术方案，是指对要解决的技术问题所采取的利用了自然规律的技术手段的集合。产品的形状以及表面的图案、色彩或者其结合的新方案，没有解决技术问题的，不属于实用新型的保护客体。产品表面的文字、符号、图表或者其结合的新方案，不属于实用新型专利保护的客体。因此，选项C正确，选项D错误。

综上，本题答案为：C。

7. 下列属于相近种类的外观设计产品的是？
A. 机械表和电子表　　　　　　B. 玩具汽车和汽车
C. 带MP3的手表和普通手表　　D. 毛巾和地毯

【答案】C

【知识点】外观设计的产品种类

【解析】根据《专利审查指南2010》第四部分第五章第5.1.1节的规定，相同种类产品是指用途完全相同的产品。例如机械表和电子表尽管内部结构不同，但是它们的用途是相同的，所以属于相同种类的产品。选项A中机械表和电子表尽管内部结构不同，但是它们的用途是相同的，所以属于相同种类的产品。

《专利审查指南2010》第四部分第五章第5.1.2节中规定，相近种类的产品是指用途相近的产品。例如，玩具和小摆设的用途是相近的，两者属于相近种类的产品。应当注意的是，当产品具有多种用途时，如果其中部分用途相同，而其他用途不同，则二者应属于相近种类的产品。带MP3的手表与手表都具有计时的用途，二者属于相近种类的产品。由此可知，选项C正确。

玩具汽车与汽车、毛巾和地毯的用途均不相近，故选项B、D错误。

综上，本题答案为：C。

8. 某发明专利申请的申请日为2019年3月20日。下列出版物均记载了与该申请请求保护的技术方案相同的技术内容，哪个会导致该申请丧失新颖性？

  A. 2019年3月印刷并公开发行的某中文期刊

  B. 在2019年3月20日召开的国际会议上发表的学术论文

  C. 2019年2月出版的专业书籍，该书籍印刷后仅在某些地区的新华书店出售

  D. 该发明申请人于2019年3月2日向国家知识产权局提出实用新型专利申请，该实用新型专利申请于2019年3月20日被申请人主动撤回

【答案】C

【知识点】新颖性

【解析】《专利法》第二十二条第二款规定，新颖性，是指该发明或者实用新型不属于现有技术；也没有任何单位或者个人就同样的发明或者实用新型在申请日以前向国务院专利行政部门提出过申请，并记载在申请日以后公布的专利申请文件或者公告的专利文件中。《专利审查指南2010》第二部分第三章第2.1.2.1节中规定，出版物不受地理位置、语言或者获得方式的限制，也不受年代的限制。出版物的出版发行量多少、是否有人阅读过、申请人是否知道是无关紧要的。出版物的印刷日视为公开日，有其他证据证明其公开日的除外。印刷日只写明年月或者年份的，以所写月份的最后一日或者所写年份的12月31日为公开日。本题中选项A的期刊的公开日视为2019年3月31日，选项C中专业书籍的公开日视为2019年2日28日，因此，选项A错误，选项C正确。

选项B的公开日在申请日当天，不包括在现有技术范围内，因此，选项B错误。实用新型是在初审合格后授权，并且公开。如果其在授权前被主动撤回，则没有被公开，就不属于现有技术，因此，选项D错误。

综上，本题答案为：C。

9. 下列权利要求表述清楚的是？

  A. 一种组合物，其包括A和B，其中，A是C等

  B. 一种燃烧器，其特征在于混合燃烧室有正切方向的燃料进料口

  C. 一种储气罐，其由金属例如钢制成

  D. 一种醇，其链长约为3个碳原子

【答案】B

【知识点】权利要求是否清楚

【解析】《专利法》第二十六条第四款规定，权利要求书应当以说明书为依据，清楚、简

要地限定要求专利保护的范围。权利要求所确定的保护范围应当清楚。如果由权利要求中所用词语、标点以及语句构成的表述会导致其保护范围边界不清或不确定,则该权利要求表述不清楚。选项A中有"等"使得请求保护的范围边界不清楚,因此该权利要求不清楚。选项B清楚地限定了其要保护的范围。选项C中"例如"导致该权利要求限定出"储气罐由金属制成"和"储气罐由钢制成"两个不同的保护范围,因此该权利要求不清楚。选项D中的"约"没有限定清楚该醇的链长到底是多少个碳原子,因此该权利要求不清楚。

综上,本题答案为:B。

10. 下列权利要求的主题名称清楚的是?
   A. 一种双向气缸的密封技术
   B. 一种高聚合塑料及其制造方法
   C. 一种气悬浮柔性物质的输送及定位
   D. 一种使用砖坯回转窑传输装置生产保温砖的方法

【答案】D
【知识点】权利要求的主题名称
【解析】《专利审查指南2010》第二部分第二章第3.2.2节中规定,首先,每项权利要求的类型应当清楚。权利要求的主题名称应当能够清楚地表明该权利要求的类型是产品权利要求还是方法权利要求。不允许采用模糊不清的主题名称,例如,"一种……技术",或者在一项权利要求的主题名称中既包含有产品又包含有方法,例如,"一种……产品及其制造方法"。《专利审查指南2010》第二部分第二章第3.1.2节中规定,有时并列独立权利要求也引用在前的独立权利要求,例如,"一种实施权利要求1的方法的装置,……""一种制造权利要求1的产品的方法,……""一种包含权利要求1的部件的设备,……""与权利要求1的插座相配合的插头,……"等。这种引用其他独立权利要求的权利要求是并列的独立权利要求,而不能被看作从属权利要求。因此,选项A、B、C错误,选项D正确。

综上,本题答案为:D。

11. 下列哪个情形符合生物材料保藏要求?
   A. 申请人自申请日起第4个月在国家知识产权局认可的保藏单位进行了生物保藏,并提交了保藏及存活证明
   B. 申请人于申请日前4个月在国家知识产权局认可的保藏单位进行了生物保藏,在申请日后的第5个月提交了保藏及存活证明
   C. 申请人于申请日前1个月在国家知识产权局认可的保藏单位进行了生物保藏,在申请日后的第2个月提交了保藏及存活证明
   D. 申请人于申请日当天在其学校的国家重点生物实验室自行进行了生物保藏,在申请日后的第2个月提交了保藏及存活证明

【答案】C

【知识点】生物材料保藏

【解析】《专利法实施细则》第二十四条第一项规定，在申请日前或者最迟在申请日（有优先权的，指优先权日），将该生物材料的样品提交国务院专利行政部门认可的保藏单位保藏，并在申请时或者最迟自申请日起4个月内提交保藏单位出具的保藏证明和存活证明；期满未提交证明的，该样品视为未提交保藏。因此，选项A、B、D错误，选项C正确。

综上，本题答案为：C。

12. 某发明专利申请已经被视为撤回且未恢复权利，针对该申请提出的分案申请，下列说法正确的是？

　　A. 分案申请视为未提出，该分案申请作新申请处理

　　B. 分案申请视为未提出，该分案申请作结案处理

　　C. 分案申请成立与否取决于其内容是否超出原申请公开的范围

　　D. 分案申请不成立，该分案申请将被驳回

【答案】B

【知识点】分案申请

【解析】《专利审查指南2010》第一部分第一章第5.1.1节中指出，初步审查中，对于分案申请递交日不符合规定的，审查员应发出分案申请视为未提出通知书，并作结案处理。因此选项B正确，选项A、D错误。分案成立与否不仅取决于原申请公开的范围，还要审查申请类别是否一致、申请日及申请号的填写、分案申请的递交时间等内容，因此选项C错误。

综上，本题答案为：B。

13. 甲2001年10月向美国提出首次申请，其中权利要求请求保护技术方案A1，说明书还描述了技术方案A2。甲后于2001年12月向德国也提出一份申请，其中权利要求请求保护技术方案A1和A3。2002年5月，甲又向中国国家知识产权局提出申请，请求保护技术方案A1、A2和A3，并要求享有美国和德国的优先权。下列说法正确的是？

　　A. 方案A1、A3能享有优先权，A2不能享有优先权

　　B. 方案A1、A2能享有优先权，A3不能享有优先权

　　C. 方案A3能享有优先权，A1、A2不能享有优先权

　　D. A1、A2和A3都能享有优先权

【答案】D

【知识点】多项优先权

【解析】《专利法》第二十九条第一款规定，申请人自发明或者实用新型在外国第一次提出专利申请之日起十二个月内，或者自外观设计在外国第一次提出专利申请之日起六个月内，又在中国就相同主题提出专利申请的，依照该外国同中国签订的协议或者共同参加的国际条约，或者依照相互承认优先权的原则，可以享有优先权。

《专利审查指南2010》第二部分第三章第4.1.4节中规定，申请人在一件专利申请中，

可以要求一项或者多项优先权；作为多项优先权基础的外国首次申请可以是在不同的国家或政府间组织提出的。同时第二部分第三章第4.1.2节中也规定，对于中国在后申请权利要求中限定的技术方案，只要已记载在外国首次申请中就可以享有该首次申请的优先权，而不必要求其包含在该首次申请的权利要求书中。

本题中美国申请和德国申请都满足优先权期限的要求。其中技术方案A1在美国申请中为首次申请，记载在美国申请的权利要求中，可以享有美国申请的优先权；技术方案A2在美国申请中为首次申请，记载在美国申请的说明书中，可以享有美国申请的优先权；技术方案A3在德国申请中为首次申请，记载在德国申请的权利要求中，可以享有德国申请的优先权。因此，技术方案A1、A2、A3都可以享有优先权，选项D正确，选项A、B、C错误。

综上，本题答案为：D。

14. 国家知识产权局于2018年2月13日向申请人孙某发出视为放弃取得专利权通知书，但该通知书由于地址不清被退回。国家知识产权局通过公告方式通知申请人孙某，公告日为2018年4月18日，孙某于2018年5月10日得知此公告。孙某最迟应当在哪天办理恢复权利手续？

　　A. 2018年6月18日　　　　　　　　B. 2018年7月10日
　　C. 2018年7月18日　　　　　　　　D. 2018年6月3日

【答案】C

【知识点】权利恢复

【解析】《专利审查指南2010》第五部分第六章第2.1.4节规定，专利局发出的通知和决定被退回的，审查员应当与文档核对；如果确定文件因送交地址不清或者存在其他原因无法再次邮寄的，应当在专利公报上通过公告方式通知当事人。自公告之日起满一个月，该文件视为已经送达。《专利审查指南2010》第五部分第七章第6.2节中规定，根据《专利法实施细则》第六条第二款恢复权利的，应当自收到专利局或者专利复审委员会❶的处分决定之日起两个月内提交恢复权利请求书，说明理由，并同时缴纳恢复权利请求费。

本题中公告送达日为2018年5月18日，收到处分之日起两个月为2018年7月18日，因此，选项C正确。

综上，本题答案为：C。

15. 关于委托专利代理机构办理专利事务，下列说法正确的是？
　　A. 在苏州设立的某日本独资企业在中国申请专利，必须委托专利代理机构
　　B. 某英国公司作为第一署名申请人与北京某国有企业共同在中国申请专利，必须委托专利代理机构
　　C. 香港、澳门或者台湾地区的申请人向国家知识产权局提交专利申请，必须委托专利代

---

❶ 根据2018年11月国家知识产权局机构改革方案，专利复审委员会更名为专利局复审和无效审理部。《专利法》及其实施细则与《专利审查指南2010》在本书出版时均未修改，因此，为便于考生备考，本书仍采用原名称，同类情况不再赘述。

理机构

D. 委托专利代理机构申请专利的，解除委托时必须征得专利代理机构的同意

【答案】B

【知识点】委托

【解析】《专利审查指南2010》第一部分第一章第6.1.1节中规定，根据《专利法》第十九条第一款的规定，在中国内地没有经常居所或者营业所的外国人、外国企业或者外国其他组织在中国申请专利和办理其他专利事务，或者作为第一署名申请人与中国内地的申请人共同申请专利和办理其他专利事务的，应当委托专利代理机构办理。

本题中选项A是在中国设立的外商独资公司，因此既可以自己申请专利，也可以委托专利代理机构申请专利。选项B是某英国公司作为第一署名申请人与北京某国有企业共同申请专利，则必须委托专利代理机构。因此，选项A错误，选项B正确。

《专利审查指南2010》第一部分第一章第6.1.1节中规定，在中国内地没有经常居所或者营业所的香港、澳门或者台湾地区的申请人向专利局提出专利申请和办理其他专利事务，或者作为第一署名申请人与中国内地的申请人共同申请专利和办理其他专利事务的，应当委托专利代理机构办理。选项C缺少限制条件，因此是错误的。根据《专利审查指南2010》第一部分第一章第6.7.2.4节的规定，办理解除委托或者辞去委托手续的，应当事先通知对方当事人。解除委托时，申请人（或专利权人）应当提交著录项目变更申报书，并附具全体申请人（或专利权人）签字或者盖章的解聘书，或者仅提交由全体申请人（或专利权人）签字或者盖章的著录项目变更申报书。因此，解除委托无须取得代理机构的同意，选项D错误。

综上，本题答案为：B。

16. 同一申请人同日对同样的发明创造既提交了发明专利申请，又提交了实用新型专利申请，并于申请日进行了声明。如果先获得的实用新型专利权尚未终止，而发明专利申请符合其他可以授予专利权的条件，申请人声明放弃实用新型专利权的，放弃的实用新型专利权自下列哪日终止？

A. 发明专利权的授权公告日 B. 放弃实用新型专利权声明的提交日
C. 实用新型的申请日   D. 实用新型的授权公告日

【答案】A

【知识点】专利权的放弃

【解析】根据《专利法实施细则》第四十一条第五款的规定，放弃实用新型专利权声明的生效日为发明专利权的授权公告日，放弃的实用新型专利权自该日起终止。因此，选项A正确，选项B、C、D错误。

综上，本题答案为：A。

17. 专利权授予之后，专利的法律状态以下列哪项记载的法律状态为准？

A. 专利证书   B. 专利登记簿

C. 专利公告　　　　　　　D. 手续合格通知书

【答案】B

【知识点】专利登记簿

【解析】《专利审查指南 2010》第五部分第九章第 1.3.2 节规定，授予专利权时，专利登记簿与专利证书上记载的内容是一致的，在法律上具有同等效力；专利权授予之后，专利的法律状态的变更仅在专利登记簿上记载，由此导致专利登记簿与专利证书上记载的内容不一致的，以专利登记簿上记载的法律状态为准。因此本题选项 B 正确，选项 A、C、D 错误。

综上，本题答案为：B。

18. 一件实用新型专利的申请日为 2000 年 5 月 15 日，授权公告日为 2001 年 6 月 20 日，关于专利权期限，下列说法正确的是?

　　A. 该专利的期限为 2000 年 5 月 15 日至 2020 年 5 月 14 日（周四）

　　B. 该专利的期限为 2000 年 5 月 16 日至 2010 年 5 月 15 日

　　C. 该专利期满终止日为 2010 年 5 月 15 日（周六）

　　D. 该专利期满终止日为 2010 年 5 月 17 日（周一）

【答案】C

【知识点】专利权的期限

【解析】《专利法》第四十二条规定，发明专利权的期限为二十年，实用新型专利权和外观设计专利权期限为十年，均自申请日起计算。《专利审查指南 2010》第五部分第九章第 2.1 节举例，一件实用新型专利的申请日是 1999 年 9 月 6 日，该专利的期限为 1999 年 9 月 6 日至 2009 年 9 月 5 日，专利权期满终止日为 2009 年 9 月 6 日（遇节假日不顺延）。因此本题选项 C 正确，选项 A、B、D 错误。

综上，本题答案为：C。

19. 下列关于发明人的说法正确的是?

　　A. 发明人是指对发明创造的实质性特点作出创造性贡献的人

　　B. 请求书中发明人可以填写为"某课题组"

　　C. 申请人提交文件后发现发明人姓名的文字有错误，将"王立"错写成"王丽"，申请人应通过补正更正

　　D. 发明人就其完成的任何发明创造均有权申请专利

【答案】A

【知识点】发明人

【解析】《专利法实施细则》第十三条规定，发明人是指对发明创造的实质性特点作出创造性贡献的人。《专利审查指南 2010》第一部分第一章第 4.1.2 节中规定，发明人应当是个人，请求书中不得填写单位或者集体，例如不得写成"××课题组"。该章第 4.1.3 节中规定，职务发明，申请专利的权利属于单位；非职务发明，申请专利的权利属于发明人。该章第

6.7节中规定，其中有关人事的著录项目（指申请人或专利权人事项、发明人姓名、专利代理事项、联系人事项、代表人）发生变化的，应当由当事人按照规定办理著录项目变更手续。

本题中，选项B中发明人不得写为"某课题组"，选项C需要办理著录项目变更手续，选项D中只有非职务发明的发明人才有权申请专利，因此选项B、C、D错误，选项A正确。

综上，本题答案为：A。

20. 有关发明专利申请实质审查程序，下列说法正确的是？
　　A. 实质审查程序所遵循的原则有程序节约原则、公平原则、听证原则、请求原则
　　B. 实质审查程序中不会接受申请人主动提交的不符合有关修改时机规定的修改文本
　　C. 实质审查程序只有在申请人提出实质审查请求后才能启动
　　D. 在实质审查程序中可以采用会晤、电话讨论和现场调查等辅助手段
【答案】D
【知识点】实质审查程序
【解析】根据《专利审查指南2010》第二部分第八章第2.2节的规定，实质审查程序所遵循的原则有请求原则、听证原则、程序节约原则，无公平原则，因此选项A错误。《专利审查指南2010》第二部分第八章第4.1节中规定，如果申请人进行的修改不符合《专利法实施细则》第五十一条第一款的规定，但审查员在阅读该经修改的文件后认为其消除了原申请文件存在的应当消除的缺陷，又符合《专利法》第三十三条的规定，且在该修改文本的基础上进行审查将有利于节约审查程序，则可以接受该经修改的申请文件作为审查文本。由此可知，选项B错误。《专利法》第三十五条第二款规定，国务院专利行政部门认为必要的时候，可以自行对发明专利申请进行实质审查。因此，选项C错误。根据《专利审查指南2010》第二部分第八章第4.12节、第4.13节和第4.14节的规定，审查员根据需要，可以按照规定在实质审查程序中采用会晤、电话讨论和现场调查等辅助手段，因此选项D正确。

综上，本题答案为：D。

21. 甲提出一项发明专利申请，其权利要求书包括独立权利要求1及其从属权利要求2～6。国家知识产权局以独立权利要求1相对于对比文件1和2的结合缺乏创造性为由驳回了该专利申请。甲不服，就此提出复审请求，下列做法不能被允许的是？
　　A. 删除独立权利要求1
　　B. 用从属权利要求2的部分特征进一步限定独立权利要求1，并在从属权利要求2中删除相应的特征
　　C. 将独立权利要求1由产品权利要求改为专用于制造该产品的方法权利要求
　　D. 只陈述独立权利要求1相对于对比文件1和2的结合具备创造性的理由
【答案】C
【知识点】复审程序中权利要求的修改
【解析】《专利法实施细则》第六十一条第一款规定，请求人在提出复审请求或者在对专利复审委员会的复审通知书作出答复时，可以修改专利申请文件；但是，修改应当仅限于消

除驳回决定或者复审通知书指出的缺陷。选项 A 和 B 是为了克服驳回决定中的缺乏创造性的缺陷而作的修改，因此是允许的。选项 C 修改了权利要求的类型，是不允许的。选项 D 对权利要求书未作修改而仅提供独立权利要求具有创造性的理由，当然是可以的。

综上，本题答案为：C。

22. 针对一项有效的中国专利，王某提出无效宣告请求，其中使用了一件在美国形成的域外证据，下列说法错误的是？
    A. 该证据需经美国公证机关予以证明，并经中国驻美国使领馆予以认证
    B. 该证据需经中国公证机关予以证明，并经美国驻中国使领馆予以认证
    C. 如果该证据可以从国内公共图书馆获得，无须办理有关公证和认证手续
    D. 如果对方当事人认可该证据的真实性，无须办理有关公证和认证手续

【答案】B
【知识点】域外证据的公证认证
【解析】根据《专利审查指南 2010》第四部分第八章第 2.2.2 节的规定，域外证据是指在中华人民共和国领域外形成的证据，该证据应当经所在国公证机关予以证明，并经中华人民共和国驻该国使领馆予以认证，或者履行中华人民共和国与该所在国订立的有关条约中规定的证明手续。但是在以下三种情况下，对上述证据，当事人可以在无效宣告程序中不办理相关的证明手续：(1) 该证据是能够从除香港、澳门、台湾地区外的国内公共渠道获得的，如从专利局获得的国外专利文件，或者从公共图书馆获得的国外文献资料；(2) 有其他证据足以证明该证据真实性的；(3) 对方当事人认可该证据的真实性的。因此，选项 A、C、D 正确，选项 B 的说法是错误的。

综上，本题答案为：B。

23. 关于专利无效宣告程序，下列说法错误的是？
    A. 无效宣告程序是专利公告授权后的程序
    B. 无效宣告程序是依当事人请求而启动的程序
    C. 无效宣告程序中，专利权人可以修改专利说明书和附图
    D. 宣告专利权无效的决定，由国务院专利行政部门登记和公告

【答案】C
【知识点】专利无效宣告程序
【解析】《专利法》第四十五条规定，自国务院专利行政部门公告授予专利权之日起，任何单位或者个人认为该专利权的授予不符合该法有关规定的，可以请求专利复审委员会宣告该专利权无效。故选项 A、B 的说法正确。

《专利法实施细则》第六十九条规定，在无效宣告请求的审查过程中，发明或者实用新型专利的专利权人可以修改其权利要求书，但是不得扩大原专利的保护范围。发明或者实用新型专利的专利权人不得修改专利说明书和附图，外观设计专利的专利权人不得修改图片、

照片和简要说明。因此选项 C 的说法是错误的。

《专利法》第四十六条第一款规定，专利复审委员会对宣告专利权无效的请求应当及时审查和作出决定，并通知请求人和专利权人。宣告专利权无效的决定，由国务院专利行政部门登记和公告。故选项 D 的说法正确。

综上，本题答案为：C。

24. 申请人对国家知识产权局作出的下列哪个决定不服可以请求复审？
    A. 不予受理实用新型专利申请的决定　　B. 视为未要求优先权的决定
    C. 发明专利申请视为撤回的决定　　　　D. 驳回外观设计专利申请的决定

【答案】D
【知识点】复审请求客体
【解析】《专利法》第四十一条第一款规定，国务院专利行政部门设立专利复审委员会。专利申请人对国务院专利行政部门驳回申请的决定不服的，可以自收到通知之日起三个月内，向专利复审委员会请求复审。专利复审委员会复审后，作出决定，并通知专利申请人。选项 D 属于对初步审查程序中驳回专利申请的决定不服而请求复审的案件。选项 A、B、C 均不属于驳回申请的决定。

综上，本题答案为：D。

25. 在满足其他受理条件的情况下，下列哪个复审请求应当予以受理？
    A. 甲和乙共有的发明专利申请被驳回后，甲独自提出复审请求
    B. 某公司的发明专利申请被驳回，该申请的发明人作为复审请求人提出复审请求
    C. 申请人自收到驳回决定之日起二个月内提出复审请求
    D. 申请人对国家知识产权局作出的专利申请视为撤回通知书不服提出复审请求

【答案】C
【知识点】复审请求的受理
【解析】《专利审查指南 2010》第四部分第二章第 2.2 节规定，被驳回申请的申请人可以向专利复审委员会提出复审请求。复审请求人不是被驳回申请的申请人的，其复审请求不予受理。被驳回申请的申请人属于共同申请人的，如果复审请求人不是全部申请人，专利复审委员会应当通知复审请求人在指定期限内补正；期满未补正的，其复审请求视为未提出。因此，选项 A 错误。

《专利审查指南 2010》第四部分第二章第 2.1 节规定，对专利局作出的驳回决定不服的，专利申请人可以向专利复审委员会提出复审请求。复审请求不是针对专利局作出的驳回决定的，不予受理。由此可知，选项 B、D 错误。

《专利审查指南 2010》第四部分第二章第 2.3 节中规定，在收到专利局作出的驳回决定之日起三个月内，专利申请人可以向专利复审委员会提出复审请求；提出复审请求的期限不符合上述规定的，复审请求不予受理。因此，选项 C 正确。

综上，本题答案为：C。

26. 专利权人对于正在实施的侵权行为，可以在诉前申请采取责令停止有关行为的措施，下列说法正确的是？

　　A. 利害关系人提出诉前责令停止侵权行为的申请时，可以不提供担保
　　B. 利害关系人可以向管理专利工作的部门提出诉前责令停止侵权行为的申请
　　C. 只有独占实施许可合同的被许可人可以单独向人民法院提出申请
　　D. 当事人对责令停止侵权行为的裁定不服的，可以申请复议

【答案】D
【知识点】诉前责令停止侵权行为
【解析】《专利法》第六十六条第一款至第三款规定，专利权人或者利害关系人有证据证明他人正在实施或者即将实施侵犯专利权的行为，如不及时制止将会使其合法权益受到难以弥补的损害的，可以在起诉前向人民法院申请采取责令停止有关行为的措施。申请人提出申请时，应当提供担保；不提供担保的，驳回申请。人民法院应当自接受申请之时起四十八小时内作出裁定；有特殊情况需要延长的，可以延长四十八小时。裁定责令停止有关行为的，应当立即执行。当事人对裁定不服的，可以申请复议一次；复议期间不停止裁定的执行。由此可知，申请人只能向人民法院提出诉前禁令，并且应当提供担保，因此，选项A、B错误，选项D正确。

《最高人民法院关于对诉前停止侵犯专利权行为适用法律问题的若干规定》（法释〔2001〕20号）第一条第二款规定，提出申请的利害关系人，包括专利实施许可合同的被许可人、专利财产权利的合法继承人等。专利实施许可合同被许可人中，独占实施许可合同的被许可人可以单独向人民法院提出申请；排他实施许可合同的被许可人在专利权人不申请的情况下，可以提出申请。因此，选项C错误。

综上，本题答案为：D。

27. 下列关于专利推广应用的说法正确的是？
　　A. 实用新型专利可以被推广应用
　　B. 只有国有企事业单位的发明专利才能被推广应用
　　C. 国内专利权人的专利都可以被推广应用
　　D. 推广应用后，实施单位需要向人民政府支付使用费用

【答案】B
【知识点】专利推广应用
【解析】《专利法》第十四条规定，国有企业事业单位的发明专利，对国家利益或者公共利益具有重大意义的，国务院有关主管部门和省、自治区、直辖市人民政府报经国务院批准，可以决定在批准的范围内推广应用，允许指定的单位实施，由实施单位按照国家规定向专利权人支付使用费。因此，选项B正确，选项A、C、D错误。

综上，本题答案为：B。

28. 某PCT国际申请有两个申请人，第一申请人的国籍和居所均为美国，第二申请人的国籍为韩国、居所为中国。下列说法错误的是？
    A. 中国国家知识产权局不可以作为该国际申请的主管受理局
    B. 美国专利商标局可以作为该国际申请的主管受理局
    C. 申请人可以向国际局提交该国际申请
    D. 韩国知识产权局可以作为该国际申请的主管受理局

【答案】A
【知识点】PCT申请的受理局
【解析】根据《专利合作条约实施细则》第19条主管受理局的概念，国际申请应按照申请人的选择：(i) 向申请人是其居民的缔约国的或者代表该国的国家局提出；或 (ii) 向申请人是其国民的缔约国的或者代表该国的国家局提出；或 (iii) 向国际局提出，而与申请人是其居民或者国民的缔约国无关。该国际申请申请人的国籍分别为美国和韩国，居所分别为美国和中国，因此可以向美国、中国、韩国和国际局提交该国际申请，选项A的说法是错误的。

综上，本题答案为：A。

29. 由哪些国际检索单位作出国际检索报告的PCT国际申请，在进入中国国家阶段并提出实质审查请求时，只需要缴纳80%的实质审查费？
    A. 中国、美国、日本   B. 美国、日本、俄罗斯
    C. 日本、欧洲、瑞典   D. 日本、欧洲、瑞士

【答案】C
【知识点】PCT国际申请进入中国国家阶段的实质审查费
【解析】《专利审查指南2010》第三部分第一章第7.2.2节中规定，由欧洲专利局、日本特许厅、瑞典专利局三个国际检索单位作出国际检索报告的国际申请，在进入国家阶段并提出实质审查请求时，只需要缴纳80%的实质审查费。由此可知，选项C正确。

综上，本题答案为：C。

30. 下列关于文献种类代码与专利类型对应关系说法错误的是？
    A. U、Y用于标识实用新型专利   B. A用于标识发明专利申请
    C. B、C用于标识发明专利   D. D、S用于标识外观设计专利

【答案】D
【知识点】专利文献种类代码
【解析】《专利审查指南2010》第五部分第八章第2.2节中规定，发明专利申请单行本的文献种类代码为"A"。发明专利单行本的文献种类代码为"B"。发明专利权授予之后，在

无效宣告程序中权利要求书需要修改后才能维持专利权的，应当再次出版该修改后的权利要求书，其文献种类代码依次为"C1—C7"，并标明修改后的权利要求书的公告日。实用新型专利单行本的文献种类代码为"U"。实用新型专利权授予之后，在无效宣告程序中权利要求书需要修改后才能维持专利权的，应当再次出版该修改后的权利要求书，其文献种类代码依次为"Y1—Y7"，并标明修改后的权利要求书的公告日。外观设计专利单行本的文献种类代码为"S"。外观设计专利权授予之后，在无效宣告程序中图片或者照片需要修改后才能维持专利权的，应当再次出版该修改后的图片或者照片，其文献种类代码依次为是"S1—S7"，并标明修改后的图片或者照片的公告日。因此，选项D错误。

综上，本题答案为：D。

二、多项选择题（每题所设选项中至少有两个正确答案，多选、少选、错选或不选均不得分。本部分含第31~100题，每题1.5分，共105分。）

31. 下列关于国防专利的说法正确的是？
A. 国防专利机构负责受理和审查国防专利申请
B. 国防专利申请经国防专利机构审查认为符合规定的，由国防专利机构授予国防专利权
C. 国防专利申请权和国防专利权经批准可以向国内的单位和个人转让
D. 禁止向国外的单位和个人转让国防专利申请权和国防专利权

【答案】A D
【知识点】国防专利
【解析】《国防专利条例》第三条第一款规定，国家国防专利机构（以下简称国防专利机构）负责受理和审查国防专利申请。经国防专利机构审查认为符合该条例规定的，由国务院专利行政部门授予国防专利权。因此，选项A正确，选项B错误。

《国防专利条例》第七条第一款规定，国防专利申请权和国防专利权经批准可以向国内的中国单位和个人转让。因此，选项C错误。

《国防专利条例》第八条规定，禁止向国外的单位和个人以及在国内的外国人和外国机构转让国防专利申请权和国防专利权。因此，选项D正确。

综上，本题答案为：A、D。

32. 下列哪些可以作为申请人申请专利？
A. 某公司知识产权部　　　　B. 某知识产权代理有限责任公司
C. 北京某十岁小学生甲　　　D. 在我国境内没有营业所的美国公司

【答案】C D
【知识点】专利申请人
【解析】《专利代理条例》第十八条规定，专利代理机构和专利代理师不得以自己的名义申请专利或者请求宣告专利权无效。因此选项B不能作为申请人申请专利。选项A中的某

公司知识产权部并不是《专利法》规定的可以作为申请人的单位，因此说法错误。选项C、D均可作为申请人申请专利。

综上，本题答案为：C、D。

33. 甲乙二人合作开发一项产品，申请了专利并获得专利权。二人未就该专利权的行使进行任何约定，下列说法正确的是？

  A．甲乙二人可分别以普通许可的形式许可他人实施专利，并分别收取使用费，使用费无须重新分配

  B．甲可将自己对该专利享有的权利转让给丙，而无须取得乙的同意

  C．甲可单独实施该专利，无须取得乙的同意，且获得的收益也无须和乙分配

  D．甲必须取得乙的同意才能以独占许可的方式许可他人实施该专利

【答案】C D

【知识点】共有专利权

【解析】《专利法》第十五条规定，专利申请权或者专利权的共有人对权利的行使有约定的，从其约定。没有约定的，共有人可以单独实施或者以普通许可方式许可他人实施该专利；许可他人实施该专利的，收取的使用费应当在共有人之间分配。除前款规定的情形外，行使共有的专利申请权或者专利权应当取得全体共有人的同意。选项A的说法错误，收取的使用费应重新分配。选项B的说法错误，专利权的转让需要所有专利权人的同意。选项C、D的说法正确。

综上，本题答案为：C、D。

34. 甲执行本单位任务完成了一项发明创造，其单位就该发明创造申请并获得了一项发明专利。在没有任何约定或者规章制度规定奖励方式和数额的前提下，下列说法正确的是？

  A．其单位应当在提出专利申请之日起3个月内发给甲不少于3000元的奖金

  B．甲可以请求国家知识产权局不公布其姓名

  C．甲发现乙单位侵犯了该发明专利权，可以向人民法院提起诉讼

  D．其单位许可他人实施该专利，应当从收取的使用费中提取不低于10%作为报酬给予甲

【答案】B D

【知识点】职务发明

【解析】《专利法实施细则》第七十七条第一款规定，被授予专利权的单位与发明人或者设计人没有约定，也没有在依法制定的规章制度中规定《专利法》第十六条规定的奖励的方式和数额的，应当自专利权公告之日起3个月内发给发明人或者设计人奖金。一项发明专利的奖金最低不少于3000元，一项实用新型专利或者外观设计专利的奖金最低不少于1000元。因此，选项A错误。

《专利审查指南2010》第一部分第一章第4.1.2节中规定，发明人可以请求专利局不公布其姓名。因此，选项B正确。

《专利法》第六十条规定，未经专利权人许可，实施其专利，即侵犯其专利权，引起纠纷的，由当事人协商解决；不愿协商或者协商不成的，专利权人或者利害关系人可以向人民法院起诉，也可以请求管理专利工作的部门处理。《最高人民法院关于对诉前停止侵犯专利权行为适用法律问题的若干规定》（法释〔2001〕20号）第一条第二款中规定，利害关系人，包括专利实施许可合同的被许可人、专利财产权利的合法继承人等。本题中，发明人甲不是专利权人或者利害关系人，因此，选项C错误。

《专利法实施细则》第七十八条规定，被授予专利权的单位未与发明人、设计人约定也未在其依法制定的规章制度中规定《专利法》第十六条规定的报酬的方式和数额的，在专利权有效期限内，实施发明创造专利后，每年应当从实施该项发明或者实用新型专利的营业利润中提取不低于2%或者从实施该项外观设计专利的营业利润中提取不低于0.2%，作为报酬给予发明人或者设计人，或者参照上述比例，给予发明人或者设计人一次性报酬；被授予专利权的单位许可其他单位或者个人实施其专利的，应当从收取的使用费中提取不低于10%，作为报酬给予发明人或者设计人。因此，选项D正确。

综上，本题答案为：B、D。

35. 以下哪些人员可以报名参加专利代理师资格考试？
    A. 台湾地区居民甲，22岁，刚刚从北京某大学机械系本科毕业
    B. 中国公民乙，18岁，在中国某大学新闻系读大一
    C. 中国公民丙，30岁，中国某大学物理系毕业，在某律师事务所任职3年
    D. 美籍华人丁，28岁，毕业于中国某大学化学系

【答案】A C
【知识点】专利代理师资格考试报名条件
【解析】《专利代理师资格考试办法》第二十一条规定，符合以下条件的中国公民，可以报名参加考试：（一）具有完全民事行为能力；（二）取得国家承认的理工科大专以上学历，并获得毕业证书或者学位证书。香港特别行政区、澳门特别行政区永久性居民中的中国公民和台湾地区居民可以报名参加考试。

选项B中，乙尚未获得国家承认的理工科大专以上学历并获得毕业证书或学位证书，选项D中，丁并不是中国公民，均不可以报名参加专利代理师资格考试。因此选项A、C正确。

综上，本题答案为：A、C。

36. 专利代理机构有下列哪些情形，应按照国家有关规定列入严重违法失信名单？
    A. 被列入经营异常名录满三年仍未履行相关义务
    B. 三年内两次被列入经营异常名录
    C. 受到责令停止承接新的专利代理业务的专利代理行政处罚
    D. 受到吊销专利代理机构执业许可证的专利代理行政处罚

【答案】ＡＣＤ

【知识点】专利代理机构严重违法失信名单

【解析】《专利代理管理办法》第三十八条规定，专利代理机构有下列情形之一的，按照国家有关规定列入严重违法失信名单：（一）被列入经营异常名录满三年仍未履行相关义务；（二）受到责令停止承接新的专利代理业务、吊销专利代理机构执业许可证的专利代理行政处罚。因此选项A、C、D正确。

综上，本题答案为：A、C、D。

37. 专利代理师在从事专利代理工作中应当遵守以下哪些规定？

   A. 专利代理师必须承办专利代理机构委派的专利代理工作，不得自行接受委托
   B. 专利代理师不得以自己的名义申请专利
   C. 专利代理师对其在执业过程中了解的发明创造的内容，除专利申请已经公布或者公告的以外，负有保守秘密的义务
   D. 专利代理师不得同时在两个以上专利代理机构从事专利代理业务

【答案】ＡＢＣＤ

【知识点】专利代理师工作规定

【解析】《专利代理条例》第十六条第一款和第二款规定，专利代理师应当根据专利代理机构的指派承办专利代理业务，不得自行接收委托。专利代理师不得同时在两个以上专利代理机构从事代理业务。因此，选项A、D正确。

《专利代理条例》第十八条规定，专利代理机构和专利代理师不得以自己的名义申请专利或者请求宣告专利权无效。因此，选项B正确。

《专利代理条例》第十七条规定，专利代理机构和专利代理师对其在执业过程中了解的发明创造的内容，除专利申请已经公布或者公告的以外，负有保守秘密的义务。因此，选项C正确。

综上，本题答案为：A、B、C、D。

38. 关于涉及遗传资源的专利申请，下列说法正确的是？

   A. 对违反法律、行政法规的规定获取遗传资源，并依赖该遗传资源完成的发明创造，不授予专利权
   B. 《专利法》所称依赖遗传资源完成的发明创造，是指利用遗传资源的遗传功能完成的发明创造
   C. 依赖遗传资源完成的发明创造，申请人只需在专利申请文件中说明遗传资源的直接来源
   D. 遗传资源，是指取自人体、动物、植物或者微生物等含有遗传功能单位并具有实际或者潜在价值的材料

【答案】ＡＢＤ

【知识点】遗传资源

【解析】《专利法》第五条第二款规定，对违反法律、行政法规的规定获取或者利用遗传资源，并依赖该遗传资源完成的发明创造，不授予专利权。因此，选项 A 正确。

《专利法实施细则》第二十六条规定，《专利法》所称遗传资源，是指取自人体、动物、植物或者微生物等含有遗传功能单位并具有实际或者潜在价值的材料；《专利法》所称依赖遗传资源完成的发明创造，是指利用了遗传资源的遗传功能完成的发明创造。因此，选项 B、D 正确。根据《专利审查指南 2010》第一部分第一章第 5.3 节的规定，依赖遗传资源完成的发明创造，申请人应当在专利申请文件中说明该遗传资源的直接来源和原始来源；申请人无法说明原始来源的，应当陈述理由。因此，选项 C 错误。

综上，本题答案为：A、B、D。

39. 下列哪些属于实用新型专利产品的构造？
   A. 物质的金相结构
   B. 产品的机械构造
   C. 产品的渗碳层
   D. 金属的氧化层

【答案】BCD

【知识点】实用新型的产品构造

【解析】《专利审查指南 2010》第一部分第二章第 6.2.2 节中规定，产品的构造可以是机械构造，也可以是线路构造。复合层可以认为是产品的构造，产品的渗碳层、氧化层等属于复合层结构。物质的分子结构、组分、金相结构等不属于实用新型专利给予保护的产品的构造。因此，选项 A 不属于规定中所述的"构造"，选项 B、C、D 均可认为是产品的"构造"。

综上，本题答案为：B、C、D。

40. 关于专利申请的保密审查，下列说法正确的是？
   A. 就发明、实用新型、外观设计向外国申请专利或者证书的，应当事先报经国务院专利行政部门进行保密审查
   B. 任何中国单位或者个人完成的发明或者实用新型向外国申请专利的，应当事先报经国务院专利行政部门进行保密审查
   C. 申请人向国家知识产权局提出专利国际申请的，无须再提出保密审查请求
   D. 任何外国人或外国企业将在中国完成的发明或者实用新型向外国申请专利的，应当事先报经国务院专利行政部门进行保密审查

【答案】CD

【知识点】保密申请

【解析】《专利法》第二十条第一款规定，任何单位或者个人将在中国完成的发明或者实用新型向外国申请专利的，应当事先报经国务院专利行政部门进行保密审查。保密审查的程序、期限等按照国务院的规定执行。选项 A 中，外观设计专利申请不需要进行保密审查；选项 B 中，任何单位或者个人在中国完成的发明创造性申请专利的，均需进行保密审查。因

此，选项A、B错误，选项D正确。

《专利法实施细则》第八条第三款规定，向国务院专利行政部门提交专利国际申请的，视为同时提出了保密审查请求。因此，向国家知识产权局提出国际申请，无须再提出保密审查请求。选项C正确。

综上，本题答案为：C、D。

41. 下列哪些情形可以将两件产品的外观设计认定为实质相同的外观设计？
   A. 图案和色彩完全相同的毛巾和地毯
   B. 互为镜像对称的手表
   C. 仅有具体叶片数不同的百叶窗
   D. 仅将形状由正方体改为长方体的带有图案和色彩的饼干桶

【答案】BCD

【知识点】实质相同的外观设计

【解析】《专利审查指南2010》第四部分第五章第5.1.2节中规定，外观设计实质相同的判断仅限于相同或者相近种类的产品外观设计。对于产品种类不相同也不相近的外观设计，不进行涉案专利与对比设计是否实质相同的比较和判断，即可认定涉案专利与对比设计不构成实质相同，例如，毛巾和地毯的外观设计。如果一般消费者经过对涉案专利与对比设计的整体观察可以看出，二者的区别仅属于下列情形，则涉案专利与对比设计实质相同：（1）其区别在于施以一般注意力不能察觉到的局部的细微差异，例如，百叶窗的外观设计仅有具体叶片数不同；（2）其区别在于使用时不容易看到或者看不到的部位，但有证据表明在不容易看到部位的特定设计对于一般消费者能够产生引人瞩目的视觉效果的情况除外；（3）其区别在于将某一设计要素整体置换为该类产品的惯常设计的相应设计要素，例如，将带有图案和色彩的饼干桶的形状由正方体置换为长方体；（4）其区别在于将对比设计作为设计单元按照该种类产品的常规排列方式作重复排列或者将其排列的数量作增减变化，例如，将影院座椅成排重复排列或者将其成排座椅的数量作增减；（5）其区别在于互为镜像对称。

由此可知，本题中，选项A的毛巾和毛毯是不同种类的产品，因此不构成实质相同的外观设计。选项B、C、D正确。

综上，本题答案为：B、C、D。

42. 在确定外观设计产品种类时，可以参考以下哪些内容？
   A. 产品的名称   B. 国际外观设计分类
   C. 产品销售时的货架分类位置   D. 国际商品和服务分类

【答案】ABC

【知识点】外观设计产品种类的确定

【解析】《专利审查指南2010》第四部分第五章第5.1.1节中规定，在确定产品种类时，可以参考产品的名称、国际外观设计分类以及产品销售时的货架分类位置，但是应当以产品的用途是否相同为准。因此，选项 A、B、C 正确。

综上，本题答案为：A、B、C。

43. 关于发明的创造性，下列说法正确的是？
   A. 如果从现有技术公开的宽范围中选择未提到的窄范围或个体，产生预料不到的技术效果，则具有创造性
   B. 判断创造性时，应当考虑申请日当天公布的专利文献中的技术内容
   C. 发明在商业上获得成功，则应该认定其具有创造性
   D. 发明提供了一种技术构思不同的技术方案，其技术效果能够基本上达到现有技术水平，则说明该发明具有显著的进步

【答案】A D

【知识点】创造性

【解析】《专利法》第二十二条第三款规定，创造性，是指与现有技术相比，该发明具有突出的实质性特点和显著的进步，该实用新型具有实质性特点和进步。

根据《专利审查指南2010》第二部分第四章第4.3节的规定，如果选择的窄范围或个体产生预料不到的技术效果，则具有创造性，因此选项A正确。现有技术不包括申请日当天公开的内容，选项B错误。商业上的成功因素有很多种，根据《专利审查指南2010》第二部分第四章第5.4节的规定，如果这种成功是发明的技术特征直接导致的，则具备创造性；但是如果商业上的成功是其他原因所致，则不能成为判断创造性的依据。因此，选项C错误。根据《专利审查指南2010》第二部分第四章第3.2.2节的规定，以下情况通常应当认为发明具有有益的技术效果，具有显著的进步：……（2）发明提供了一种技术构思不同的技术方案，其技术效果能够基本上达到现有技术的水平。因此选项D正确。

综上，本题答案为：A、D。

44. 一件中国发明专利申请的申请日为2019年5月5日，优先权日为2018年5月8日。下列哪项记载了相同发明内容的专利文献不构成该申请的抵触申请？
   A. 一件俄罗斯专利申请，其申请日为2017年3月15日，公开日为2018年10月26日
   B. 一件在日本提出的PCT国际申请，其国际申请日为2016年9月18日，国际公布日为2018年5月3日，进入中国国家阶段的日期为2019年5月18日，中国国家公布日为2019年9月18日
   C. 同一申请人于2018年4月24日向国家知识产权局提交的实用新型专利申请，授权公告日为2018年9月16日
   D. 法国某公司在中国提出的发明专利申请，其申请日为2018年3月11日，公开日为2018年8月21日

【答案】A B

【知识点】抵触申请

【解析】《专利审查指南2010》第二部分第三章第2.2节中规定,根据《专利法》第二十二条第二款的规定,在发明或者实用新型新颖性的判断中,由任何单位或者个人就同样的发明或者实用新型在申请日以前向专利局提出并且在申请日以后(含申请日)公布的专利申请文件或者公告的专利文件损害该申请日提出的专利申请的新颖性。为描述简便,在判断新颖性时,将这种损害新颖性的专利申请,称为抵触申请。抵触申请还包括满足以下条件的进入了中国国家阶段的国际专利申请,即申请日以前由任何单位或者个人提出、并在申请日之后(含申请日)由专利局作出公布或公告的且为同样的发明或者实用新型的国际专利申请。《专利法实施细则》第十一条第一款规定,除《专利法》第二十八条和第四十二条规定的情形外,《专利法》所称申请日,有优先权的,指优先权日。

本题中,选项A是俄罗斯专利申请,不是向我国专利局提出的专利申请,因此,选项A不构成抵触申请。选项B的国际公布日早于本申请的优先权日,已经构成了现有技术。选项C、D构成抵触申请。

综上,本题答案为:A、B。

45. 某专利申请涉及一种塑料瓶,其申请日是2017年12月2日,优先权日是2017年6月9日。下列哪些属于该申请的现有技术?

A. 印刷日为2017年5月的一份出版物,内容涉及一种玻璃瓶
B. 2017年5月3日公开的一件日本专利申请,该申请涉及一种特殊色彩的塑料瓶
C. 2017年6月9日公开的一件中国专利申请,该申请涉及一种玻璃瓶
D. 2017年6月8日在韩国购买的一种装饰塑料瓶

【答案】ABD

【知识点】现有技术

【解析】《专利审查指南2010》第二部分第三章第2.1节中规定,现有技术包括在申请日(有优先权的,指优先权日)以前在国内外出版物上公开发表、在国内外公开使用或者以其他方式为公众所知的技术。现有技术应当是在申请日以前公众能够得知的技术内容。换句话说,现有技术应当在申请日以前处于能够为公众获得的状态,并包含能够使公众从中得知实质性技术知识的内容。《专利审查指南2010》第二部分第三章第2.1.2.1节中规定,出版物的印刷日视为公开日,有其他证据证明其公开日的除外。印刷日只写明年月或者年份的,以所写月份的最后一日或者所写年份的12月31日为公开日。

本题中,选项A出版物的公开日为2017年5月31日,在优先权日之前,因此选项A正确。选项B中,日本专利申请公开的日期是2017年5月3日,在优先权日之前,因此,选项B正确。选项C中,优先权日当天公开的专利申请所记载的技术不构成本题中专利申请的现有技术,选项C错误。选项D中,购买行为发生在优先权日之前,因此选项D也正确。

综上,本题答案为:A、B、D。

46. 下列哪些专利申请的技术方案不具备实用性？
   A. 一种耐寒测量方法，其特征在于通过逐渐降低动物的体温，以测量动物对寒冷耐受程度
   B. 一种测量冠状动脉代谢机能的非侵入性的检查方法，其特征在于利用降低吸入气体中氧气分压的方法逐级增加冠状动脉的负荷
   C. 一种别墅，其特征在于依据地形地貌的特点进行建造
   D. 一种打耳洞的方法，其特征在于将一次性无菌穿耳器在耳垂上固定后压下

【答案】A B C D
【知识点】实用性
【解析】《专利审查指南2010》第二部分第五章第3.2.5节中规定，以下测量方法属于不具备实用性的情况：（1）通过逐渐降低人或动物的体温，以测量人或动物对寒冷耐受程度的测量方法；（2）利用降低吸入气体中氧气分压的方法逐级增加冠状动脉的负荷，并通过动脉血压的动态变化观察冠状动脉的代偿反应，以测量冠状动脉代谢机能的非侵入性的检查方法。因此，选项A、B不具备实用性。

《专利审查指南2010》第二部分第五章第3.2.3节中规定，具备实用性的发明或者实用新型专利申请不得是由自然条件限定的独一无二的产品。利用特定的自然条件建造的自始至终都是不可移动的唯一产品不具备实用性。因此，选项C不具备实用性。

《专利审查指南2010》第二部分第五章第3.2.4节中规定，非治疗目的的外科手术方法，由于是以有生命的人或者动物为实施对象，无法在产业上使用，因此不具备实用性。例如，为美容而实施的外科手术方法。因此，选项D不具备实用性。

综上，本题答案为：A、B、C、D。

47. 下列哪些情形不视为侵犯专利权？
   A. 某药厂为提供行政审批所需要的信息进口一批专利药品
   B. 甲获得一项发明专利，乙在该专利申请日前已经实施与之相同的技术并在原有范围内继续实施
   C. 某临时通过中国领空的美联航飞机上为其自身需要而使用有关专利
   D. 某大学实验室使用有关专利进行科学研究以便对其加以改进

【答案】A B C D
【知识点】不视为侵犯专利权的行为
【解析】《专利法》第六十九条规定，有下列情形之一的，不视为侵犯专利权：（一）专利产品或者依照专利方法直接获得的产品，由专利权人或者经其许可的单位、个人售出后，使用、许诺销售、销售、进口该产品的；（二）在专利申请日前已经制造相同产品、使用相同方法或者已经作好制造、使用的必要准备，并且仅在原有范围内继续制造、使用的；（三）临时通过中国领陆、领水、领空的外国运输工具，依照其所属国同中国签订的协议或者共同参加的国际条约，或者依照互惠原则，为交通工具自身需要而在其装置和设备中使用有关专利

的;(四)专为科学研究和实验而使用有关专利的;(五)为提供行政审批所需要的信息,制造、使用、进口专利药品或者专利医疗器械的,以及专门为其制造、进口专利药品或者专利医疗器械的。

本题中,选项A属于上述(五)规定的情形,选项B属于上述(二)规定的情形,选项C属于上述(三)规定的情形,选项D属于上述(四)规定的情形,因此选项A、B、C、D正确。

综上,本题答案为:A、B、C、D。

48. 某发明专利申请的权利要求书如下:
"1. 一种复合材料A。
2. 一种用复合材料A制成的调温装置B。
3. 一种鱼缸D,装有用复合材料A制成的调温装置B和照明装置C。
4. 一种制造照明装置C的方法。"
与现有技术相比,复合材料A具有创造性,照明装置C是现有技术。下列说法正确的是?
 A. 权利要求1和2之间具有单一性
 B. 权利要求1和3之间具有单一性
 C. 权利要求1和4之间具有单一性
 D. 权利要求3和4之间具有单一性

【答案】A B
【知识点】单一性
【解析】《专利法实施细则》第三十四条中规定,依照《专利法》第三十一条第一款规定,可以作为一件专利申请提出的属于一个总的发明构思的两项以上的发明或者实用新型,应当在技术上相互关联,包含一个或者多个相同或者相应的特定技术特征。

本题中,权利要求1、2和3都具有特定技术特征复合材料A,因此,选项A、B正确。权利要求4仅具有照明装置C,而照明装置C是现有技术,不是特定技术特征,权利要求4和1、权利要求4和3之间都不具有单一性,因此,选项C、D错误。

综上,本题答案为:A、B。

49. 提交外观设计申请的视图时,下列说法正确的是?
 A. 对于立体产品的外观设计,产品设计要点涉及六个面的,应当提交六面正投影视图
 B. 对于组装关系唯一的组件产品的外观设计,应当提交组合状态的视图
 C. 对于平面产品的外观设计,产品设计要点涉及一个面的,可以仅提交该面正投影视图
 D. 对于图形用户界面的产品外观设计,应当提交整体产品外观设计视图

【答案】A B C D
【知识点】外观设计的视图
【解析】《专利法》第五十九条第二款规定,外观设计专利权的保护范围以表示在图片或者照片中的该产品的外观设计为准,简要说明可以用于解释图片或者照片所表示的该产品的外观设计。

《专利审查指南 2010》第一部分第三章第 4.2 节中规定，就立体产品的外观设计而言，产品设计要点涉及六个面的，应当提交六面正投影视图；产品设计要点仅涉及一个或者几个面的，应当至少提交所涉及面的正投影视图和立体图，并应当在简要说明中写明省略视图的原因。就平面产品的外观设计而言，产品设计要点涉及一个面的，可以仅提交该面正投影视图。因此，选项 A、C 正确。

《专利审查指南 2010》第一部分第三章第 4.2.1 节中规定，对于组装关系唯一的组件产品，应当提交组合状态的产品视图。因此，选项 B 正确。

《国家知识产权局关于修改〈专利审查指南〉的决定》（局令第 68 号）第一条明确，在《专利审查指南 2010》第一部分第三章第 4.2 节第三段之后新增一段，内容如下：就包括图形用户界面的产品外观设计而言，应当提交整体产品外观设计视图。图形用户界面为动态图案的，申请人应当至少提交一个状态的上述整体产品外观设计视图，对其余状态可仅提交关键帧的视图，所提交的视图应当能唯一确定动态图案中动画的变化趋势。❶ 因此，选项 D 正确。

综上，本题答案为：A、B、C、D。

50. 以下哪些内容可以在外观设计简要说明中写明？
　　A. 外观设计产品的技术效果　　B. 外观设计产品的底部是透明的
　　C. 外观设计产品的内部结构　　D. 请求保护的外观设计包含有色彩

【答案】BD

【知识点】外观设计的简要说明

【解析】《专利法实施细则》第二十八条规定，外观设计的简要说明应当写明外观设计产品的名称、用途，外观设计的设计要点，并指定一幅最能表明设计要点的图片或者照片。省略视图或者请求保护色彩的，应当在简要说明中写明。对同一产品的多项相似外观设计提出一件外观设计专利申请的，应当在简要说明中指定其中一项作为基本设计。简要说明不得使用商业性宣传用语，也不能用来说明产品的性能。

本题中，选项 A 的表述中涉及技术效果，也即产品的性能，因此是错误的。选项 C 中写有产品的内部结构，也是不正确的。选项 B、D 正确。

综上，本题答案为：B、D。

51. 下列关于权利要求的说法正确的是？
　　A. 独立权利要求应当记载解决发明所有技术问题的必要技术特征
　　B. 从属权利要求可以增加新的技术特征
　　C. 如果一项权利要求引用了在前的其他权利要求，则该权利要求为从属权利要求

---

❶ 根据 2019 年 9 月 23 日国家知识产权局发布的《国家知识产权局关于〈专利审查指南〉修改的公告》（第三二八号），该段内容予以删除。

D. 不论是独立权利要求，还是从属权利要求，所限定的技术方案都应当是完整的

【答案】BD

【知识点】权利要求

【解析】《专利审查指南2010》第二部分第二章3.1.2节中规定，独立权利要求应当从整体上反映发明或者实用新型的技术方案，记载解决技术问题的必要技术特征。从属权利要求中的附加技术特征，可以是对所引用的权利要求的技术特征作进一步限定的技术特征，也可以是增加的技术特征。在某些情况下，形式上的从属权利要求（即其包含有从属权利要求的引用部分），实质上不一定是从属权利要求。例如，独立权利要求1为："包括特征X的机床"。在后的另一项权利要求为："根据权利要求1所述的机床，其特征在于用特征Y代替特征X"。

本题中，独立权利要求应当记载所要解决的技术问题的必要技术特征，但不要求记载解决所有技术问题的必要技术特征，因此选项A错误；如果一项权利要求引用了在前的其他权利要求，则该权利要求包含其所引用的权利要求的全部技术特征，但该权利要求不一定是从属权利要求，还可能是另一项独立权利要求，因此选项C错误。选项B、D正确。

综上，本题答案为：B、D。

52. 下列关于说明书的说法正确的是？

A. 当一个实施例足以支持权利要求所概括的技术方案时，说明书中可以只给出一个实施例

B. 说明书技术领域部分应当是要求保护的发明或者实用新型技术方案所属具体技术领域的上位技术领域

C. 背景技术中所引证的非专利文献和专利文件的公开日应当在本申请的申请日之前

D. 说明书摘要所记载的内容不能作为权利要求的修改依据

【答案】AD

【知识点】说明书的撰写

【解析】《专利审查指南2010》第二部分第二章规定了说明书各个组成部分的撰写要求。当一个实施例足以支持权利要求所概括的技术方案时，说明书中可以只给出一个实施例。因此，选项A正确。发明或者实用新型的技术领域应当是要求保护的发明或者实用新型技术方案所属或者直接应用的具体技术领域，而不是上位的或者相邻的技术领域，也不是发明或者实用新型本身。因此，选项B错误。背景技术部分引证的非专利文件和外国专利文件的公开日应当在本申请的申请日之前，所引证的中国专利文件的公开日不得晚于本申请的公开日。因此，选项C错误。摘要的内容不属于发明或者实用新型原始记载的内容，不能作为以后修改说明书或者权利要求书的根据，也不能用来解释专利权的保护范围。因此，选项D正确。

综上，本题答案为：A、D。

53. 实用新型专利申请的说明书附图可以包括?
   A. 工艺流程图   B. 工程蓝图   C. 曲线图   D. 照片

【答案】A C
【知识点】实用新型的说明书附图
【解析】《专利审查指南2010》第一部分第二章第7.3节中规定,实用新型专利申请的说明书附图不得使用工程蓝图、照片,因此选项B、D错误;而工艺流程图、逻辑框图、曲线图可以使用,因此选项A、C正确。

综上,本题答案为:A、C。

54. 一种关于涂料组合物的发明,与现有技术的区别仅在于不含防冻剂。在下列哪些情形下,该发明可能具备创造性?
   A. 该涂料组合物不具有防冻效果,其余性能稍有下降
   B. 该涂料组合物不具有防冻效果,其余性能不变
   C. 该涂料组合物仍具有防冻效果,其余性能不变
   D. 该涂料组合物不具有防冻效果,其余性能显著提高

【答案】C D
【知识点】组合发明的创造性
【解析】《专利审查指南2010》第二部分第四章第4.6.3节中规定,如果发明与现有技术相比,发明省去一项或多项要素(例如,一项产品发明省去了一个或多个零件、部件或者一项方法发明省去一步或多步工序)后,依然保持原有的全部功能,或者带来预料不到的技术效果,则具有突出的实质性特点和显著的进步,该发明具备创造性。因此,选项A、B错误,选项C、D正确。

综上,本题答案为:C、D。

55. 下列关于权利要求是否得到说明书支持的说法正确的是?
   A. 在判断权利要求是否得到说明书的支持时,仅限于考虑具体实施方式部分的内容
   B. 权利要求通常由说明书记载的一个或者多个实施方式概括而成
   C. 权利要求的技术方案在说明书中存在一致性的表述,并不意味着权利要求必然得到说明书的支持
   D. 纯功能性的权利要求得不到说明书的支持

【答案】B C D
【知识点】权利要求是否能够得到说明书的支持
【解析】《专利审查指南2010》第二部分第二章第3.2.1节中规定,在判断权利要求是否得到说明书的支持时,应当考虑说明书的全部内容,而不是仅限于具体实施方式部分的内容。权利要求通常由说明书记载的一个或者多个实施方式或实施例概括而成。权利要求的技术方案在说明书中存在一致性的表述,并不意味着权利要求必然得到说明书的支持。只有当

所属技术领域的技术人员能够从说明书充分公开的内容中得到或概括得出该项权利要求所要求保护的技术方案时，记载该技术方案的权利要求才被认为得到了说明书的支持。纯功能性的权利要求得不到说明书的支持，因而也是不允许的。因此，选项A错误，选项B、C、D正确。

综上，本题答案为：B、C、D。

56. 下列关于创造性的说法正确的是？

　　A. 现有技术和抵触申请可以用来评价一项发明的创造性
　　B. 发明是否具备创造性，应当基于所属技术领域的技术人员的知识和能力进行评价
　　C. 如果发明取得了预料不到的技术效果，则该发明具备创造性
　　D. 如果独立权利要求具备创造性，则引用其的从属权利要求也具有创造性，反之亦然

【答案】BC

【知识点】创造性

【解析】《专利审查指南2010》第二部分第四章第2.1节中规定，《专利法》第二十二条第二款中所述的，在申请日以前由任何单位或个人向专利局提出过申请并且记载在申请日以后公布的专利申请文件或者公告的专利文件中的内容，不属于现有技术，因此，在评价发明创造性时不予考虑。因此，选项A错误。

《专利审查指南2010》第二部分第四章第2.4节中规定，发明是否具备创造性，应当基于所属技术领域的技术人员的知识和能力进行评价。因此，选项B正确。

根据《专利审查指南2010》第二部分第四章第5.3节的规定，如果发明取得了预料不到的技术效果，则该发明具备创造性。因此，选项C正确。

《专利法实施细则》第二十二条第一款规定，发明或者实用新型的从属权利要求应当包括引用部分和限定部分，按照下列规定撰写：（一）引用部分：写明引用的权利要求的编号及其主题名称；（二）限定部分：写明发明或者实用新型附加的技术特征。由此可知，每项从属权利要求都有其附加技术特征。当一项独立权利要求不具备创造性时，其从属权利要求可能由于附加技术特征的存在而使其具备创造性，因此，当从属权利要求具备创造性时，独立权利要求不一定具备创造性。因此，选项D错误。

综上，本题答案为：B、C。

57. 关于专利权评价报告，下列说法错误的是？

　　A. 国家知识产权局根据专利权人或者利害关系人的请求，对相关发明专利、实用新型专利或者外观设计专利进行检索，作出专利权评价报告
　　B. 专利权评价报告可以作为人民法院或者管理专利工作的部门审理、处理专利侵权纠纷的证据
　　C. 专利权人或者利害关系人对专利权评价报告有异议的，可以提起行政复议
　　D. 已经终止或者放弃的实用新型或者外观设计专利不可以作为专利权评价报告请求的客体

【答案】A C D

【知识点】专利权评价报告

【解析】根据《专利法实施细则》第五十六条第一款的规定，专利权评价报告的对象仅为实用新型专利或者外观设计专利。选项A的说法是错误的。

根据《专利法》第六十一条第二款的规定，专利权评价报告是人民法院或者管理专利工作的部门审理、处理侵权纠纷的证据。选项B的说法是正确的。

《专利审查指南2010》第五部分第十章中规定，专利权评价报告不是行政决定，因此专利权人或者利害关系人不能就此提起行政复议和行政诉讼；专利权评价报告请求的客体应当是已经授权公告的实用新型或者外观设计专利，包括已经终止或者放弃的实用新型或者外观设计专利。因此选项C、D的说法是错误的。

综上，本题答案为：A、C、D。

58. 下列关于电子申请的说法正确的是？

A. 国家知识产权局电子专利申请系统收到电子文件的日期为递交日
B. 申请人提交电子申请文件的日期为递交日
C. 通过电子方式发送的通知书，以实际下载日为当事人收到通知书之日
D. 通过电子方式发送的通知书，自发文日起满15日推定为当事人收到通知书之日

【答案】A D

【知识点】电子申请

【解析】《专利审查指南2010》第五部分第十一章第4.2节中规定，专利局电子专利申请系统收到电子文件的日期为递交日。因此，选项A正确，选项B错误；

《专利审查指南2010》第五部分第六章第2.3.1节中规定，通过邮寄、直接送交和电子方式送达的通知和决定，自发文日起满十五日推定为当事人收到通知和决定之日。因此，选项C错误，选项D正确。

综上，本题答案为：A、D。

59. 下列关于发明专利申请说明书的修改，说法正确的是？

A. 申请人在进行修改时，不可以在申请文件中补入实施方式和实施例以说明在权利要求请求保护的范围内发明能够实施
B. 申请人在进行修改时，不可以在申请文件中补入已记载的反映发明的有益效果数据的标准测量方法
C. 申请人在进行修改时，在文字说明清楚的情况下，为使局部结构清楚可见，允许增加局部放大图
D. 申请人在进行修改时，在不超出原说明书和权利要求书记载的范围的前提下，可以修改发明内容部分中与该发明所解决的技术问题有关的内容，使其与要求保护的主题相适应

【答案】A C D

【知识点】说明书的修改

【解析】《专利审查指南2010》第二部分第八章第5.2.2节和第5.2.3节规定了专利申请说明书允许修改和不允许修改的各种情况。允许的修改包括：（1）修改发明内容部分中与该发明所解决的技术问题有关的内容，使其与要求保护的主题相适应，即反映该发明的技术方案相对于最接近的现有技术所解决的技术问题。当然，修改后的内容不应超出原说明书和权利要求书记载的范围。（2）修改最佳实施方式或者实施例。这种修改中允许增加的内容一般限于补入原实施方式或者实施例中具体内容的出处以及已记载的反映发明的有益效果数据的标准测量方法。（3）修改附图。在文字说明清楚的情况下，为使局部结构清楚起见，允许增加局部放大图。不允许增加的情况包括：补入实验数据以说明发明的有益效果，和/或补入实施方式和实施例以说明在权利要求请求保护的范围内发明能够实施。本题中，选项B是允许修改的情况，因此选项B错误。选项A、C、D正确。

综上，本题答案为：A、C、D。

60. 发明专利申请的实质审查程序中，国家知识产权局对公众意见的处理，下列说法正确的是？

A. 在审查过程中，不必考虑公众提出的意见

B. 任何人对不符合《专利法》规定的发明专利申请提出的意见，应当存入该申请文档中供在实质审查时考虑

C. 如果公众的意见是在发出授予专利权的通知之后收到的，就不必考虑

D. 对公众意见的处理情况，需要通知提出意见的公众

【答案】BC

【知识点】公众意见

【解析】《专利审查指南2010》第二部分第八章第4.9节规定，任何人对不符合《专利法》规定的发明专利申请向国家知识产权局提出的意见，应当存入该申请文档中供审查员在实质审查时考虑。如果公众的意见是在审查员发出授予专利权的通知之后收到的，就不必考虑。专利局对公众意见的处理情况，不必通知提出意见的公众。因此，选项B、C正确。

综上，本题答案为：B、C。

61. 根据国家知识产权局令第七十六号《专利优先审查管理办法》，下列哪些情形的专利申请或者专利复审案件，可以请求优先审查？

A. 涉及节能环保、新一代信息技术、生物、高端装备制造、新能源、新材料、新能源汽车、智能制造等国家重点发展产业

B. 涉及互联网、大数据、云计算等领域且技术或者产品更新速度快

C. 专利申请人或者复审请求人已经做好实施准备或者已经开始实施，或者有证据证明他人正在实施其发明创造

D. 就相同主题首次在中国提出专利申请又向其他国家或者地区提出申请的该中国首次

申请

【答案】A B C D
【知识点】专利优先审查
【解析】国家知识产权局令第七十六号《专利优先审查管理办法》第三条规定，有下列情形之一的专利申请或者专利复审案件，可以请求优先审查：（一）涉及节能环保、新一代信息技术、生物、高端装备制造、新能源、新材料、新能源汽车、智能制造等国家重点发展产业；（二）涉及各省级和设区的市级人民政府重点鼓励的产业；（三）涉及互联网、大数据、云计算等领域且技术或者产品更新速度快；（四）专利申请人或者复审请求人已经做好实施准备或者已经开始实施，或者有证据证明他人正在实施其发明创造；（五）就相同主题首次在中国提出专利申请又向其他国家或者地区提出申请的该中国首次申请；（六）其他对国家利益或者公共利益具有重大意义需要优先审查。

因此，选项A、B、C、D正确。

综上，本题答案为：A、B、C、D。

62. 下列哪些情形不能申请行政复议？
   A. 专利申请人对驳回专利申请的决定不服的
   B. 复审请求人对复审请求审查决定不服的
   C. 集成电路布图设计登记申请人对驳回登记申请的决定不服的
   D. 专利权人或者专利实施强制许可的被许可人对强制许可使用费的裁决不服的

【答案】A B C D
【知识点】行政复议
【解析】国家知识产权局令第六十六号《国家知识产权局行政复议规程》第五条规定，对下列情形之一，不能申请行政复议：（一）专利申请人对驳回专利申请的决定不服的；（二）复审请求人对复审请求审查决定不服的；（三）专利权人或者无效宣告请求人对无效宣告请求审查决定不服的；（四）专利权人或者专利实施强制许可的被许可人对强制许可使用费的裁决不服的；（五）国际申请的申请人对国家知识产权局作为国际申请的受理单位、国际检索单位和国际初步审查单位所作决定不服的；（六）集成电路布图设计登记申请人对驳回登记申请的决定不服的；（七）集成电路布图设计登记申请人对复审决定不服的；（八）集成电路布图设计权利人对撤销布图设计登记的决定不服的；（九）集成电路布图设计权利人、非自愿许可取得人对非自愿许可报酬的裁决不服的；（十）集成电路布图设计权利人、被控侵权人对集成电路布图设计专有权侵权纠纷处理决定不服的；（十一）法律、法规规定的其他不能申请行政复议的情形。

因此，选项A、B、C、D正确。

综上，本题答案为：A、B、C、D。

63. 申请人甲于2015年3月1日向国家知识产权局提出一件发明专利申请，并要求两项外国优先权，优先权日分别为2014年3月1日和2014年6月1日。2015年8月1日其请求撤回优先权日为2014年3月1日的优先权。下列期限计算正确的是？

A. 该申请经初步审查符合要求的，自2014年3月1日起满十八个月即行公布
B. 该申请人提出实质审查请求的期限届满日为2017年3月1日
C. 该申请经初步审查符合要求的，自2014年6月1日起满十八个月即行公布
D. 该申请人提出实质审查请求的期限届满日为2017年6月1日

【答案】A D
【知识点】优先权的期限计算
【解析】《专利审查指南2010》第一部分第一章第6.2.3节中规定，申请人要求优先权之后，可以撤回优先权要求。申请人要求多项优先权之后，可以撤回全部优先权要求，也可以撤回其中某一项或者几项优先权要求。优先权要求撤回后，导致该专利申请的最早优先权日变更时，自该优先权日起算的各种期限尚未届满的，该期限应当自变更后的最早优先权日或者申请日起算，撤回优先权的请求是在原最早优先权日起十五个月之后到达国家知识产权局的，则在后专利申请的公布期限仍按照原最早优先权日起算。

本题中，申请人于最早优先权日起17个月提出撤回优先权的请求，所以在后申请公布的期限仍按原最早的优先权日2014年3月1日起算，因此选A正确，选项C错误；撤回优先权后，实质审查的期限尚未届满，所以实质审查的期限应当按变更后的最早优先权日起算，即按2014年6月1日起算，因此选项D正确，选项B错误。

综上，本题答案为：A、D。

64. 下列专利申请文件不予受理的是？

A. 直接从台湾地区向国家知识产权局邮寄的申请文件
B. 提交分案申请时从原案的实用新型专利申请改变为发明专利申请
C. 涉及核苷酸序列的发明专利申请，未提交相应序列表的计算机可读形式的副本
D. 请求书中没有申请人或代理机构签章

【答案】A B
【知识点】专利申请的受理
【解析】《专利法实施细则》第三十九条和《专利审查指南2010》第五部分第三章第2.2节规定了不予受理的各种情形，选项A、B均属于不予受理的情形，因此选项A、B正确。如果请求书中缺少申请人姓名或名称，或者缺少地址的，不予受理；但是没有申请人或代理机构签章的，不属于不予受理的情况，选项D错误。

《专利审查指南2010》第一部分第一章第4.2节中规定，涉及核苷酸或者氨基酸序列的申请，应当将该序列表作为说明书的一个单独部分，并单独编写页码。申请人应当在申请的同时提交与该序列表相一致的计算机可读形式的副本，如提交记载有该序列表的符合规定的光盘或者软盘。未提交计算机可读形式的副本，或者所提交的副本与说明书中的序列表明显不一致的，审查员应当发出补正通知书，通知申请人在指定期限内补交正确的副本。期满未

补交的，审查员应当发出视为撤回通知书。选项C的情形不影响受理，而是需要在后续的初审程序中进行补正。

综上，本题答案为：A、B。

65. 一件发明专利申请的说明书记载了数值范围40mm～120mm，说明书附图记载了特定值80mm、130mm，并且在摘要中公开了特定值50mm。下列哪些修改是允许的？

  A. 将权利要求中的数值范围修改成40mm～80mm
  B. 将权利要求中的数值范围修改成50mm～80mm
  C. 将权利要求中的数值范围修改成80mm～120mm
  D. 将权利要求中的数值范围修改成40mm～130mm

【答案】A C
【知识点】涉及数值范围的权利要求的修改
【解析】《专利审查指南2010》第二部分第八章第5.2.2.1节中规定，对于含有数值范围技术特征的权利要求中数值范围的修改，只有在修改后数值范围的两个端值在原说明书和/或权利要求书中已确实记载且修改后的数值范围在原数值范围之内的前提下，才是允许的。《专利审查指南2010》第二部分第二章第2.4节中规定，摘要的内容不属于发明或者实用新型原始记载的内容，不能作为以后修改说明书或者权利要求书的根据，也不能用来解释专利权的保护范围。

本题中，由于原说明书（包括附图）记载了数值范围40mm～120mm和特定值80mm、130mm，因此，选项A、C的修改是允许的，选项A、C正确。选项B中50mm这个端值仅记载在摘要中，而在原说明书（包括附图）中没有记载，因此，这种修改是不允许的，选项B错误。选项D的数值范围不在原数值范围内，这种修改是不允许的，选项D错误。

综上，本题答案为：A、C。

66. 下列关于权利要求的说法正确的是？

  A. 权利要求中不允许使用表格
  B. 权利要求除记载技术特征外，可以对原因或者理由作少量的描述，以便使得权利要求简要，但不得使用商业性宣传用语
  C. 附图标记不得解释为对权利要求保护范围的限制
  D. 权利要求中可以使用数学式或者化学式

【答案】C D
【知识点】权利要求的撰写
【解析】《专利法实施细则》第十九条第三款规定，权利要求中使用的科技术语应当与说明书中使用的科技术语一致，可以有化学式或者数学式，但是不得有插图。除绝对必要外，权利要求中不得使用"如说明书……部分所述"或者"如图……所示"的用语。《专利法实施细则》第十九条第四款规定，权利要求中的技术特征可以引用说明书附图中相应的标记，

该标记应当放在相应的技术特征后并置于括号内，便于理解权利要求。附图标记不得解释为对权利要求的限制。由此可知，选项A、B错误，选项C、D正确。

综上，本题答案为：C、D。

67. 下列关于优先权的说法正确的是？
   A. 申请人要求本国优先权的，其在先申请自在后申请提出之日起即视为撤回
   B. 申请人要求外国优先权的，应当自在后申请日起两个月内提交在先申请文件副本
   C. 申请人要求优先权的，应当在缴纳申请费的同时缴纳优先权要求费
   D. 申请人要求优先权的，应当在申请的时候提出书面声明

【答案】A C D

【知识点】外国优先权和本国优先权

【解析】《专利申请指南2010》第一部分第一章第6.2节中规定，申请人要求外国优先权，应当在提出专利申请的同时在请求书中声明；未在请求书中提出声明的，视为未要求优先权。在先申请文件副本应当在提出在后申请之日起三个月内提交。申请人要求本国优先权的，其在先申请自在后申请提出之日起即视为撤回。因此，选项A正确，选项B错误。

《专利法实施细则》第九十五条第二款规定，申请人要求优先权的，应当在缴纳申请费的同时缴纳优先权要求费；期满未缴纳或者未缴足的，视为未要求优先权。因此，选项C、D正确。

综上，本题答案为：A、C、D。

68. 专利权质押期间的专利权转移，应当提交下列哪些文件？
   A. 转让人和受让人签章的转让合同
   B. 质权人和出质人同意变更的证明文件
   C. 如果受让人继续委托同一代理机构，应当重新提交专利代理委托书
   D. 如果受让人不再委托代理机构，应当提交解聘代理机构的解聘书

【答案】A B C

【知识点】专利权质押期间的专利权转移

【解析】《专利法》第十条第三款规定，转让专利申请权或者专利权的，当事人应当订立书面合同，并向国务院专利行政部门登记，由国务院专利行政部门予以公告。专利申请权或者专利权的转让自登记之日起生效。《专利法实施细则》第十四条第一款规定，除依照《专利法》第十条规定转让专利权外，专利权因其他事由发生转移的，当事人应当凭有关证明文件或者法律文书向国务院专利行政部门办理专利权转移手续。《专利审查指南2010》第一部分第一章第6.7.2.2节中规定，专利权质押期间的专利权转移，除应当提交变更所需的证明文件外，还应当提交质押双方当事人同意变更的证明文件。该章第6.7.2.4节中规定，专利申请权（或专利权）转移的，变更后的申请人（或专利权人）委托原专利代理机构的，只需提交新增申请人（或专利权人）签字或盖章的委托书。

因此，选项A、B、C正确。变更后的申请人（或专利权人）不需要与原代理机构办理解聘手续，选项D错误。

综上，本题答案为：A、B、C。

69. 下列关于优先权的说法正确的是？
   A. 要求外国优先权的发明专利申请，其在先申请只能是发明申请
   B. 要求本国优先权的发明专利申请，其在先申请可以是发明专利申请，也可以是实用新型专利申请
   C. 要求外国优先权的实用新型专利申请，其在先申请可以是发明专利申请，也可以是实用新型专利申请
   D. 外观设计专利申请不能作为本国优先权的基础

【答案】BCD

【知识点】作为优先权基础的在先申请

【解析】《专利法》第二十九条规定，申请人自发明或者实用新型在外国第一次提出专利申请之日起十二个月内，或者自外观设计在外国第一次提出专利申请之日起六个月内，又在中国就相同主题提出专利申请的，依照该外国同中国签订的协议或者共同参加的国际条约，或者依照相互承认优先权的原则，可以享有优先权。申请人自发明或者实用新型在中国第一次提出专利申请之日起十二个月内，又向国务院专利行政部门就相同主题提出专利申请的，可以享有优先权。

《专利法实施细则》第三十二条第二款中规定，申请人要求本国优先权，在先申请是发明专利申请的，可以就相同主题提出发明或者实用新型专利申请；在先申请是实用新型专利申请的，可以就相同主题提出实用新型或者发明专利申请。本题中，选项B、C、D正确，选项A错误。

综上，本题答案为：B、C、D。

70. 当事人因不可抗拒的事由延误规定期限并导致权利丧失的，可以在规定的期限内请求恢复权利。下列哪些期限不适用这一规定？
   A. 专利权期限   B. 优先权期限
   C. 请求实质审查的期限   D. 不丧失新颖性的宽限期

【答案】ABD

【知识点】不能请求权利恢复的期限

【解析】《专利法实施细则》第六条第一款规定，当事人因不可抗拒的事由而延误《专利法》或者该细则规定的期限或者国务院专利行政部门指定的期限，导致其权利丧失的，自障碍消除之日起2个月内，最迟自期限届满之日起2年内，可以向国务院专利行政部门请求恢复权利。该条第五款规定，该条第一款和第二款的规定不适用于《专利法》第二十四条、第二十九条、第四十二条、第六十八条规定的期限。

因此，不丧失新颖性的宽限期、优先权期限、专利权期限和侵权诉讼时效这四种期限被耽误而造成的权利丧失，不能请求恢复权利。选项A、B、D正确。

综上，本题答案为：A、B、D。

71. 下列哪些修改文本可以作为发明专利申请的审查文本？

  A．申请人在提出实质审查请求时提交的经主动修改的文本

  B．申请人在收到国家知识产权局发出的发明专利申请进入实质审查阶段通知书之日起三个月内提交的经主动修改，但内容超出了原申请文件记载的范围的文本

  C．申请人提交的修改不符合实施细则第五十一条第一款的规定，但国家知识产权局审查员认为其消除了原申请文件存在的应当消除的缺陷，并且符合《专利法》第三十三条的规定

  D．申请人在收到国家知识产权局发出的发明专利申请进入实质审查阶段通知书之日起三个月内多次对申请文件进行了主动修改，其最后一次提交的修改文本

【答案】A B C D

【知识点】发明专利申请的审查文本

【解析】《专利审查指南2010》第二部分第八章第4.1节中规定，申请人在提出实质审查请求时，或者在收到专利局发出的发明专利申请进入实质审查阶段通知书之日起的三个月内，对发明专利申请进行了主动修改的，无论修改的内容是否超出原说明书和权利要求书记载的范围，均应当以申请人提交的经过该主动修改的申请文件作为审查文本。申请人在上述规定期间内多次对申请文件进行了主动修改的，应当以最后一次提交的申请文件为审查文本。如果申请人进行的修改不符合《专利法实施细则》第五十一条第一款的规定，但审查员在阅读该经修改的文件后认为其消除了原申请文件存在的应当消除的缺陷，并且符合《专利法》第三十三条的规定，且在该修改文本的基础上进行审查将有利于节约审查程序，则可以接受该经修改的申请文件作为审查文本。因此，选项A、B、C、D正确。

综上，本题答案为：A、B、C、D。

72. 王某提出一项无效宣告请求，理由是权利要求1与对比文件1的区别特征A是所属技术领域的公知常识，因此权利要求1不具备创造性。下列说法正确的是？

  A．王某主张区别特征A是所属技术领域的公知常识，对其主张承担举证责任

  B．王某可以在口审辩论终结前提交公知常识性证据，证明区别特征A是所属领域的公知常识

  C．王某可以通过教科书或者技术词典、技术手册等工具书记载的技术内容来证明A是本领域的公知常识

  D．王某必须在提出无效宣告请求之日起一个月内提交公知常识性证据，证明区别特征A是所属领域的公知常识

【答案】A B C

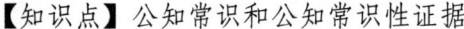

【知识点】公知常识和公知常识性证据

【解析】《专利审查指南2010》第四部分第八章第4.3.3节中规定，主张某技术手段是本领域公知常识的当事人，对其主张承担举证责任。当事人可以通过教科书或者技术词典、技术手册等工具书记载的技术内容来证明某项技术手段是本领域的公知常识。因此，选项A、C正确。

《专利审查指南2010》第四部分第三章第4.3.1节中规定，请求人在提出无效宣告请求之日起一个月后补充证据的，专利复审委员会一般不予考虑，但下列情形除外：……在口头审理辩论终结前提交技术词典、技术手册和教科书等所属技术领域中的公知常识性证据或者用于完善证据法定形式的公证文书、原件等证据，并在该期限内结合该证据具体说明相关无效宣告理由的。因此，选项B正确，选项D错误。

综上，本题答案为：A、B、C。

73. 在下列哪些情形下，审理无效宣告请求案件的合议组成员应当回避？

　　A. 曾参与过该案件申请阶段的初审审查

　　B. 曾参与过该案件申请阶段的实质审查

　　C. 是无效宣告请求人所委托的代理人的弟弟

　　D. 曾作为合议组长审理过同一请求人针对同一专利权提出的其他无效宣告请求案件

【答案】ABC

【知识点】回避

【解析】《专利法实施细则》第三十七条规定，在初步审查、实质审查、复审和无效宣告程序中，实施审查和审理的人员有下列情形之一的，应当自行回避，当事人或者其他利害关系人可以要求其回避：（一）是当事人或者其代理人的近亲属的；（二）与专利申请或者专利权有利害关系的；（三）与当事人或者其代理人有其他关系，可能影响公正审查和审理的；（四）专利复审委员会成员曾参与原申请的审查的。

本题中，选项A和B属于情形（四），选项C属于情形（一），均应该回避。作为合议组长审理过同一请求人针对同一专利权提出的其他无效宣告请求案件的，不需要回避，因此选项D错误。

综上，本题答案为：A、B、C。

74. 关于复审和无效宣告请求审查决定的出版，下列说法正确的是？

　　A. 复审请求审查决定的正文，应当全部公开出版

　　B. 外观设计无效宣告请求审查决定的正文，应当全部公开出版

　　C. 只有生效的复审和无效宣告请求审查决定的正文公开出版

　　D. 对于应当公开出版的审查决定，当事人对审查决定不服向法院起诉并已被受理的，在人民法院判决生效后，审查决定与判决书一起公开

【答案】BD

【知识点】复审无效审查决定的出版

【解析】《专利审查指南2010》第四部分第一章第6.3节中规定，专利复审委员会对其所作的复审和无效宣告请求审查决定的正文，除所针对的专利申请未公开的情况以外，应当全部公开出版。对于应当公开出版的审查决定，当事人对审查决定不服向法院起诉并已被受理的，在人民法院判决生效后，审查决定与判决书一起公开。因此，选项B、D正确，选项C错误。

初审驳回的实用新型和外观设计专利申请由于尚未公开，因此所涉及的实用新型和外观设计复审决定不公开出版。因此，选项A错误。

综上，本题答案为：B、D。

75. 复审请求的合议审查中，下列说法正确的是？

　　A. 在复审程序中，除驳回决定所依据的理由和证据外，合议组发现审查文本中存在其他明显实质性缺陷的，可以依职权对与之相关的理由及其证据进行审查

　　B. 在复审程序中，合议组只能针对驳回决定所依据的理由和证据进行审查

　　C. 在合议审查中，合议组可以补充相应的技术词典、技术手册、教科书等所属技术领域中的公知常识性证据

　　D. 为了保证授权专利的质量，合议组可以引入新的对比文件，并告知申请人对此陈述意见

【答案】AC

【知识点】复审请求的合议审查

【解析】《专利审查指南2010》第四部分第二章第4.1节中规定，在复审程序中，合议组一般仅针对驳回决定所依据的理由和证据进行审查。除驳回决定所依据的理由和证据外，合议组发现审查文本中存在下列缺陷的，可以对与之相关的理由及其证据进行审查，并且经审查认定后，应当依据该理由及其证据作出维持驳回决定的审查决定：(1)足以用在驳回决定作出前已告知过申请人的其他理由及其证据予以驳回的缺陷。(2)驳回决定未指出的明显实质性缺陷或者与驳回决定所指出缺陷性质相同的缺陷。

本题中，选项A属于上述第（2）种情形，所以选项A正确，选项B错误。

另外，该节还规定，在合议审查中，合议组可以引入所属技术领域的公知常识，或者补充相应的技术词典、技术手册、教科书等所属技术领域中的公知常识性证据。因此选项C正确。合议审查中不能引入新的对比文件，选项D错误。

综上，本题答案为：A、C。

76. 下列关于复审通知书的说法正确的是？

　　A. 针对合议组发出的复审通知书，复审请求人应当在收到该通知书之日起三个月内进行书面答复

　　B. 针对合议组发出的复审通知书，复审请求人应当在收到该通知书之日起一个月内进行书面答复

C. 复审决定将维持驳回决定的，合议组应当发出复审通知书

D. 复审请求人提交无具体答复内容的意见陈述书的，视为对复审通知书中的审查意见无反对意见

【答案】BCD

【知识点】复审通知书

【解析】《专利审查指南2010》第四部分第二章第4.3节中规定，根据《专利法实施细则》第六十三条第一款的规定，有下列情形之一的，合议组应当发出复审通知书（包括复审请求口头审理通知书）或者进行口头审理：（1）复审决定将维持驳回决定。（2）需要复审请求人依照《专利法》及其实施细则和该指南有关规定修改申请文件，才有可能撤销驳回决定。（3）需要复审请求人进一步提供证据或者对有关问题予以说明。（4）需要引入驳回决定未提出的理由或者证据。针对合议组发出的复审通知书，复审请求人应当在收到该通知书之日起一个月内针对通知书指出的缺陷进行书面答复；期满未进行书面答复的，其复审请求视为撤回。复审请求人提交无具体答复内容的意见陈述书的，视为对复审通知书中的审查意见无反对意见。

因此，选项A错误，选项B、C、D正确。

综上，本题答案为：B、C、D。

77. 王某对国家知识产权局驳回其发明专利申请的决定不服，请求复审。下列说法正确的是？

A. 王某的复审请求应当在收到驳回决定之日起三个月内提出

B. 王某可以请求延长提出复审请求的期限

C. 在复审程序中，王某不得请求延长答复审查意见的期限

D. 王某在收到驳回决定之日起三个月内未缴纳或者未缴足复审费的，其复审请求视为未提出

【答案】AD

【知识点】复审请求的期限

【解析】《专利审查指南2010》第四部分第二章第2节中规定，在收到专利局作出的驳回决定之日起三个月内，专利申请人可以向专利复审委员会提出复审请求；提出复审请求的期限不符合上述规定的，复审请求不予受理；复审请求人在收到驳回决定之日起三个月内提出了复审请求，但在此期限内未缴纳或者未缴足复审费的，其复审请求视为未提出。因此，选项A、D正确。提出复审请求的期限属于法定期限，不可以延期，选项B错误。但在复审程序中，复审委会员指定的期限是可以请求延期的，因此选项C错误。

综上，本题答案为：A、D。

78. 下列哪些是无效宣告程序中应当遵循的审查原则？

A. 公正执法原则、一事不再理原则 B. 请求原则、当事人处置原则

C. 程序节约原则、保密原则　　　　D. 合法原则、禁反言原则

【答案】A B

【知识点】无效宣告程序的审查原则

【解析】《专利审查指南2010》第四部分第一章第2节中规定，复审请求审查程序和无效宣告请求审查程序中普遍适用的原则包括：合法原则、公正执法原则、请求原则、依职权审查原则、听证原则和公开原则。《专利审查指南2010》第四部分第三章第2节中规定，在无效宣告程序中，除总则规定的原则外，专利复审委员会还应当遵循一事不再理原则、当事人处置原则和保密原则。因此，选项A、B正确，选项C、D错误。

综上，本题答案为：A、B。

79. 无效宣告程序中，关于专利权人对权利要求进行修改的时机，下列说法正确的是？

A. 任何方式的修改都可以在收到受理通知书之日起一个月内提交

B. 任何方式的修改都可以在收到合议组转送的无效宣告请求补充意见一个月内提交

C. 任何方式的修改都可以在口审当庭提交

D. 删除式修改最迟可以在口头审理辩论终结前提交

【答案】A B

【知识点】无效宣告程序中权利要求的修改

【解析】在无效宣告程序中，专利权人对权利要求的修改可以分为删除权利要求或者权利要求中包括的技术方案的方式和以删除以外的方式。《专利审查指南2010》第四部分第三章第4.6.3节规定，在专利复审委员会作出审查决定之前，专利权人可以删除权利要求或者权利要求中包括的技术方案。

《国家知识产权局关于修改〈专利审查指南〉的决定》（第七十四号）中对第四部分第三章第4.6.3节进行了修改，指出仅在下列三种情形的答复期限内，专利权人可以以删除以外的方式修改权利要求书：（1）针对无效宣告请求书；（2）针对请求人增加的无效宣告理由或者补充的证据；（3）针对专利复审委员会引入的请求人未提及的无效宣告理由或者证据。《专利审查指南2010》第四部分第三章第3.7节规定，无效宣告请求经形式审查符合《专利法》及其实施细则和该指南有关规定的，专利复审委员会应当向请求人和专利权人发出无效宣告请求受理通知书，并将无效宣告请求书和有关文件副本转送专利权人，要求其在收到该通知书之日起一个月内答复。另外，该章第4.4.1节中规定，专利复审委员会根据案件审查需要将有关文件转送有关当事人。需要指定答复期限的，指定答复期限为一个月。因此，专利权人在无效宣告程序中可以进行的任何修改均可以在收到受理通知书之日一个月内或无效宣告请求补充意见之日起一个月内提交。因此，选项A、B正确，选项D错误。

选项C没有具体限定修改方式，不是所有的修改都可以在口审当庭提交，因此选项C错误。

综上，本题答案为：A、B。

80. 下列哪些不能作为宣告专利权无效的理由？
    A. 与他人在先取得的合法权利相冲突
    B. 权利要求之间缺乏单一性
    C. 说明书公开不充分
    D. 独立权利要求相对于最接近的现有技术的划界不正确

【答案】B D

【知识点】无效宣告的理由

【解析】《专利法实施细则》第六十五条第二款规定，前款所称无效宣告请求的理由，是指被授予专利的发明创造不符合《专利法》第二条、第二十条第一款、第二十二条、第二十三条、第二十六条第三款、第四款、第二十七条第二款、第三十三条或者该细则第二十条第二款、第四十三条第一款的规定，或者属于《专利法》第五条、第二十五条的规定，或者依照《专利法》第九条规定不能取得专利权。

本题中，选项A、C的理由属于上述列出的请求宣告该专利权无效的理由，选项B、D的理由并不在上述规定的范围之内，不能作为请求宣告该专利权无效的理由。

综上，本题答案为：B、D。

81. 以下关于无效宣告程序的说法正确的是？
    A. 只有共同专利权人可以针对其共有的专利权共同提出一件无效宣告请求
    B. 无效宣告请求的对象可以是已经终止的专利
    C. 任何单位和个人均可以请求宣告专利权全部无效
    D. 无效宣告请求人是某研究机构的科技处，不予受理

【答案】A B D

【知识点】无效宣告请求的客体和请求人资格

【解析】《专利法》第四十五条规定，自国务院专利行政部门公告授予专利权之日起，任何单位或者个人认为该专利权的授予不符合该法有关规定的，可以请求专利复审委员会宣告该专利权无效。

《专利审查指南2010》第四部分第三章第3节中规定了无效宣告请求的客体和无效宣告请求人资格。无效宣告请求的客体应当是已经公告授权的专利，包括已经终止或者放弃（自申请日起放弃的除外）的专利。无效宣告请求不是针对已经公告授权的专利的，不予受理。请求人不具备民事诉讼主体资格的，无效宣告请求不予受理。专利权人针对其专利权提出无效宣告请求且请求宣告专利权全部无效、所提交的证据不是公开出版物或者请求人不是共有专利权的所有专利权人的，不予受理。多个请求人共同提出一件无效宣告请求的，不予受理，但属于所有专利权人针对其共有的专利权提出的除外。

本题中，只有共有专利权人可以针对其共有的专利权共同提出一件无效宣告请求，但是，专利权人针对其专利权提出无效宣告请求不能请求宣告专利权全部无效，因此选项A、B、D正确，选项C错误。

综上，本题答案为：A、B、D。

82. 一件申请日为 2008 年 2 月 10 日的发明专利于 2019 年 3 月 20 日被宣告部分无效。专利权人在收到该无效审查决定之日起三个月内未向人民法院起诉。下列说法正确的是？
   A. 维持有效的权利要求视为自 2019 年 3 月 20 日起有效
   B. 被宣告无效的权利要求视为自 2008 年 2 月 10 日起即不存在
   C. 该无效审查决定对 2015 年已经履行完毕的与被无效专利权有关的专利实施许可合同不具有追溯力
   D. 该无效审查决定对人民法院 2017 年针对该专利权作出并已执行的专利侵权的判决具有追溯力

【答案】B C
【知识点】无效决定的效力
【解析】《专利法》第四十七条第一款和第二款规定，宣告无效的专利权视为自始即不存在。宣告专利权无效的决定，对在宣告专利权无效前人民法院作出并已执行的专利侵权的判决、调解书，已经履行或者强制执行的专利侵权纠纷处理决定，以及已经履行的专利实施许可合同和专利权转让合同，不具有追溯力。但是因专利权人的恶意给他人造成的损失，应当给予赔偿。因此，选项 B、C 正确。

一项专利被宣告部分无效后，被宣告无效的部分应视为自始即不存在。但是被维持的部分（包括修改后的权利要求）也同时应视为自始即存在。因此，选项 A、D 错误。

综上，本题答案为：B、C。

83. 在无效宣告程序口头审理中，当事人有哪些权利和义务？
   A. 有权请求审案人员回避
   B. 发言和辩论仅限于合议组指定的与审理案件有关的范围
   C. 对另一方当事人提出的问题应该予以正面回答
   D. 当事人对自己提出的主张有举证责任，反驳对方主张的，应当说明理由

【答案】A B D
【知识点】口头审理中当事人的权利和义务
【解析】《专利审查指南 2010》第四部分第四章第 13 节中规定，当事人有权请求审查人员回避；发言和辩论仅限于会议组指定的与审理案件有关的范围；当事人对自己提出的主张有举证责任，反驳对方主张的，应当说明理由。因此，选项 A、B、D 正确。相关法律、法规及规范性文件并未规定对另一方当事人提出问题予以正面回答的义务，因此选项 C 错误。

综上，本题答案为：A、B、D。

84. 上海公司甲欲将其中国发明专利权转让给香港公司乙，下列说法正确的是？
   A. 在转让前应当事先获得当地管理专利工作的部门审核批准

B. 甲公司与乙公司应当订立书面转让合同

C. 办理转让手续时需出具《技术出口许可证》或《自由出口技术合同登记证书》

D. 该专利权的转让自转让合同签订之日起生效

【答案】BC

【知识点】专利权的转让

【解析】《专利法》第十条规定，专利申请权和专利权可以转让。中国单位或者个人向外国人、外国企业或者外国其他组织转让专利申请权或者专利权的，应当依照有关法律、行政法规的规定办理手续。转让专利申请权或者专利权的，当事人应当订立书面合同，并向国务院专利行政部门登记，由国务院专利行政部门予以公告。专利申请权或者专利权的转让自登记之日起生效。

《专利审查指南2010》第一部分第一章第6.7.2.2节中规定，对于发明或者实用新型专利申请（或专利），转让方是中国内地的个人或者单位，受让方是外国人、外国企业或者外国其他组织的，应当出具国务院商务主管部门颁发的《技术出口许可证》或者《自由出口技术合同登记证书》，或者地方商务主管部门颁发的《自由出口技术合同登记证书》，以及双方签字或者盖章的转让合同。转让方是中国内地的个人或者单位，受让方是中国香港、澳门或者台湾地区的个人、企业或者其他组织的，参照上述规定处理。由此可知，中国企业向中国香港企业转让专利权的，应订立书面合同，并向国务院专利行政部门登记。因此，选项A错误，选项B正确。办理转让登记手续时，除出具书面转让合同外，还应当出具《技术出口许可证》或《自由出口技术合同登记证书》。因此，选项C正确。专利权的转让自登记日起生效。因此，选项D错误。

综上，本题答案为：B、C。

85. 在未经专利权人同意的情况下，在专利权的有效期内，下列哪些行为侵犯了专利权？

A. 甲公司从公开渠道获得了一份技术材料，但不知其已经获得发明专利权，甲自行应用该技术生产产品并销售

B. 乙按照他人的外观设计专利制作了一套沙发以自用

C. 丙实施了他人的实用新型专利技术方案，将产品以成本价卖给某公司

D. 医院丁按照一件中药发明专利的技术方案配制汤药用以医治病人

【答案】ACD

【知识点】侵犯专利权的行为

【解析】《专利法》第十一条规定，发明和实用新型专利权被授予后，除该法另有规定的以外，任何单位或者个人未经专利权人许可，都不得实施其专利，即不得为生产经营目的制造、使用、许诺销售、销售、进口其专利产品，或者使用其专利方法以及使用、许诺销售、销售、进口依照该专利方法直接获得的产品。外观设计专利权被授予后，任何单位或者个人未经专利权人许可，都不得实施其专利，即不得为生产经营目的制造、许诺销售、销售、进口其外观设计专利产品。因此，选项A、C、D正确。外观设计专利权的侵权行为不包括使

用，选项 B 错误。

综上，本题答案为：A、C、D。

86. 下列有关最高人民法院知识产权法庭的说法正确的是?
    A. 知识产权法庭是最高人民法院派出的常设审判机构，设在北京市
    B. 知识产权法庭可以通过电子诉讼平台或者采取在线视频等方式组织证据交换、召集庭前会议
    C. 知识产权法庭主要审理专利等专业技术性较强的知识产权上诉案件
    D. 知识产权法庭作出的判决、裁定、调解书和决定，是最高人民法院的判决、裁定、调解书和决定

【答案】ABCD

【知识点】最高人民法院知识产权法庭

【解析】《最高人民法院关于知识产权法庭若干问题的规定》（法释〔2018〕22号）第一条规定，最高人民法院设立知识产权法庭，主要审理专利等专业技术性较强的知识产权上诉案件。知识产权法庭是最高人民法院派出的常设审判机构，设在北京市。知识产权法庭作出的判决、裁定、调解书和决定，是最高人民法院的判决、裁定、调解书和决定。因此，选项A、C、D正确。

《最高人民法院关于知识产权法庭若干问题的规定》（法释〔2018〕22号）第五条规定，知识产权法庭可以通过电子诉讼平台或者采取在线视频等方式组织证据交换、召集庭前会议等。因此，选项B正确。

综上，本题答案为：A、B、C、D。

87. 一项专利的独立权利要求包含N、O两个技术特征，从属权利要求还包括技术特征P。下列哪些技术方案落入了该专利的保护范围?
    A. 一项由N、O、P三个技术特征构成的技术方案
    B. 一项由N、O、P、Q四个技术特征构成的技术方案
    C. 一项由N、O'、Q三个技术特征构成的技术方案，其中O'是O的等同技术特征
    D. 一项由N、O、Q三个技术特征的技术方案，其中Q不等同于P

【答案】ABCD

【知识点】专利权的保护范围

【解析】《专利法》第五十九条第一款规定，发明或者实用新型专利权的保护范围以其权利要求的内容为准，说明书及附图可以用于解释权利要求的内容。

《最高人民法院关于审理侵犯专利权纠纷案件应用法律若干问题的解释》（法释〔2009〕21号）第七条规定，人民法院判定被诉侵权技术方案是否落入专利权的保护范围，应当审查权利人主张的权利要求所记载的全部技术特征。被诉侵权技术方案包含与权利要求记载的全部技术特征相同或者等同的技术特征的，人民法院应当认定其落入专利权的保护范围；被

诉侵权技术方案的技术特征与权利要求记载的全部技术特征相比，缺少权利要求记载的一个以上的技术特征，或者有一个以上技术特征不相同也不等同的，人民法院应当认定其没有落入专利权的保护范围。

本题中，该项专利的权利要求所保护的技术方案包括由N、O两个技术特征构成的独立权利要求和由N、O、P三个技术特征构成的从属权利要求。选项A和选项B中均包含了N、O、P三个技术特征，故落入了该项专利的从属权利要求的保护范围。选项C由于包含了N、O'、Q三个技术特征，O'是O的等同特征，因此，落入了该专利的独立权利要求的保护范围。选项D由于含有N、O、Q三个技术特征，且Q不等同于P，虽然没有落入该项专利的从属权利要求的保护范围，但落入了独立权利要求的保护范围。因此，选项A、B、C、D正确。

综上，本题答案为：A、B、C、D。

88. 甲未经专利权人许可在A市制造了一批专利产品，并由乙运往B市销售。A市、B市中级人民法院都具有专利纠纷案件的管辖权。下列说法正确的是？
    A. 如果专利权人仅起诉甲，未起诉乙，可向A市中级人民法院起诉
    B. 如果专利权人同时起诉甲和乙，可向A市中级人民法院起诉
    C. 如果专利权人同时起诉甲和乙，可向B市中级人民法院起诉
    D. 如果专利权人同时起诉甲和乙，专利权人可以选择A市、B市中级人民法院的其中一个起诉

【答案】A C
【知识点】专利侵权纠纷的管辖
【解析】《最高人民法院关于审理专利纠纷案件适用法律问题的若干规定》（法释〔2015〕4号）第六条规定，原告仅对侵权产品制造者提起诉讼，未起诉销售者，侵权产品制造地与销售地不一致的，制造地人民法院有管辖权。以制造者与销售者为共同被告起诉的，销售地人民法院有管辖权。

因此，选项A、C正确，选项B、D错误。

综上，本题答案为：A、C。

89. 下列哪些选项所示申请号为实用新型专利申请？
    A. 201430465498.X
    B. 201290004238.0
    C. 201320278122.1
    D. 201140376384.3

【答案】B C
【知识点】申请号
【解析】《专利申请号标准》第4.3节中规定，专利申请号中的申请种类号用1位数字表示，所使用数字的含义规定如下：1表示发明专利申请；2表示实用新型专利申请；3表示外观设计专利申请；8表示进入中国国家阶段的PCT发明专利申请；9表示进入中国国家阶

段的 PCT 实用新型专利申请。因此，选项 B、C 正确。

综上，本题答案为：B、C。

90. 以下哪些是专利代理机构设立分支机构办理专利代理业务应具备的条件？
    A. 办理专利代理业务时间满两年，且有五名以上专利代理师执业
    B. 专利代理师不得同时在两个以上的分支机构担任负责人
    C. 分支机构负责人应当具有专利代理师资格证
    D. 设立分支机构前三年内未受过专利代理行政处罚

【答案】BCD

【知识点】专利代理分支机构的设立条件

【解析】《专利代理管理办法》第二十条规定，专利代理机构设立分支机构办理专利代理业务的，应当具备下列条件：（一）办理专利代理业务时间满两年；（二）有十名以上专利代理师执业，拟设分支机构应当有一名以上专利代理师执业，并且分支机构负责人应当具有专利代理师资格证；（三）专利代理师不得同时在两个以上的分支机构担任负责人；（四）设立分支机构前三年内未受过专利代理行政处罚；（五）设立分支机构时未被列入经营异常名录或者严重违法失信名单。因此，选项 B、C、D 正确，选项 A 错误。

综上，本题答案为：B、C、D。

91. 针对专利代理机构的下列哪些行为，视情节严重程度，主管部门可以作出警告、罚款、责令停业、直至吊销执业许可证的行政处罚？
    A. 合伙人、股东或者法定代表人等事项发生变化未办理变更手续
    B. 就同一专利申请或者专利权的事务接受有利益冲突的其他当事人的委托
    C. 指派专利代理师承办与其本人或者其近亲属有利益冲突的专利代理业务
    D. 泄露委托人的发明创造内容，或者以自己的名义申请专利或请求宣告专利权无效

【答案】ABCD

【知识点】专利代理机构的行政处罚

【解析】《专利代理条例》第二十五条规定，专利代理机构有下列行为之一的，由省、自治区、直辖市人民政府管理专利工作的部门责令限期改正，予以警告，可以处 10 万元以下的罚款；情节严重或者逾期未改正的，由国务院专利行政部门责令停止承接新的专利代理业务 6 个月至 12 个月，直至吊销专利代理机构执业许可证：（一）合伙人、股东或者法定代表人等事项发生变化未办理变更手续；（二）就同一专利申请或者专利权的事务接受有利益冲突的其他当事人的委托；（三）指派专利代理师承办与其本人或者其近亲属有利益冲突的专利代理业务；（四）泄露委托人的发明创造内容，或者以自己的名义申请专利或请求宣告专利权无效；（五）疏于管理，造成严重后果。专业代理机构在执业过程中泄露委托人的发明创造内容，涉及泄露国家秘密、侵犯商业秘密的，或者向有关行政、司法机关的工作人员行贿，提供虚假证据的，依照有关法律、行政法规的规定承担法律责任；由国务院专利行政部

门吊销专利代理机构执业许可证。因此，选项A、B、C、D符合题意。

综上，本题答案为：A、B、C、D。

92.下列哪些属于假冒专利的行为？
   A.专利权被宣告无效后继续在产品或者其包装上标注专利标识
   B.专利权终止前依法在专利产品上标注专利标识，在专利权终止后许诺销售该产品
   C.在产品说明书等材料中将未被授予专利权的技术称为专利技术
   D.未经许可在产品包装上标注他人的专利号

【答案】ACD
【知识点】假冒专利的行为
【解析】《专利法实施细则》第八十四条中规定，下列行为属于《专利法》第六十三条规定的假冒专利的行为：（一）在未被授予专利权的产品或者其包装上标注专利标识，专利权被宣告无效后或者终止后继续在产品或者其包装上标注专利标识，或者未经许可在产品或者产品包装上标注他人的专利号；（二）销售第（一）项所述产品；（三）在产品说明书等材料中将未被授予专利权的技术或者设计称为专利技术或者专利设计，将专利申请称为专利，或者未经许可使用他人的专利号，使公众将所涉及的技术或者设计误认为是专利技术或者专利设计；（四）伪造或者变造专利证书、专利文件或者专利申请文件；（五）其他使公众混淆，将未被授予专利权的技术或者设计误认为是专利技术或者专利设计的行为。专利权终止前依法在专利产品、依照专利方法直接获得的产品或者其包装上标注专利标识，在专利权终止后许诺销售、销售该产品的，不属于假冒专利行为。

因此，选项A、C、D属于假冒专利的行为，选项B不属于假冒专利行为。

综上，本题答案为：A、C、D。

93.下列哪些纠纷当事人既可以请求管理专利工作的部门调解，也可以直接向人民法院起诉？
   A.专利申请权和专利权归属纠纷
   B.职务发明创造的发明人、设计人的奖励和报酬纠纷
   C.发明人或设计人资格纠纷
   D.在发明专利申请公布后专利权授予前使用发明而未支付适当费用的纠纷

【答案】ABCD
【知识点】专利纠纷
【解析】《专利法》第六十条中规定，未经专利权人许可，实施其专利，即侵犯其专利权，引起纠纷的，由当事人协商解决；不愿协商解决或者协商不成的，专利权人或者利害关系人可以向人民法院起诉，也可以请求管理专利工作的部门处理。

《专利法实施细则》第八十五条第一款规定，除《专利法》第六十条规定的外，管理专利工作的部门应当事人的请求，可以对下列专利纠纷进行调解：（一）专利申请权和专利权

归属纠纷；（二）发明人、设计人资格纠纷；（三）职务发明创造的发明人、设计人的奖励和报酬纠纷；（四）在发明专利申请公布后专利权授予前使用发明而未支付适当费用的纠纷；（五）其他专利纠纷。

《最高人民法院关于审理专利纠纷案件适用法律问题的若干规定》（法释〔2015〕4号）第一条规定，人民法院受理下列专利纠纷案件：1.专利申请权纠纷案件；2.专利权权属纠纷案件；……5.假冒他人专利纠纷案件；……7.职务发明创造发明人、设计人奖励、报酬纠纷案件；8.发明人、设计人资格纠纷案件；……

因此，选项A、B、C、D均正确。

综上，本题答案为：A、B、C、D。

94. 甲委托某专利代理机构申请了一项发明专利。下列有关甲放弃该项权利的说法正确的是？

　　A. 甲随时可以主动要求放弃该项专利权
　　B. 甲可以要求放弃该项专利权中的某个特定部分
　　C. 放弃专利权的手续应当由该专利代理机构办理
　　D. 甲放弃专利权后，该专利权视为自始即不存在

【答案】A C

【知识点】专利权的放弃

【解析】《专利审查指南2010》第五部分第九章第2.3节中规定，授予专利权后，专利权人随时可以主动要求放弃专利权，专利权人放弃专利权的，应当提交放弃专利权声明，并附具全体专利权人签字或者同意放弃专利权的证明材料，或者仅提交由全体专利权人签字或者盖章的放弃专利权声明。委托专利代理机构的，放弃专利权的手续应当由专利代理机构办理，并附具全体申请人签字或者盖章的同意放弃专利权声明。主动放弃专利权的声明不得附有任何条件。放弃专利权只能放弃一件专利的全部，放弃部分专利权的声明视为未提出。放弃专利权声明的生效日为手续合格通知书的发文日，放弃的专利权自该日起终止。因此，选项A、C正确，选项B、D错误。

综上，本题答案为：A、C。

95. 甲公司获得一项灯具的外观设计专利权。乙公司未经甲公司许可制造了相同外观设计的灯具，并由丙公司出售给丁酒店。丁酒店使用该灯具装饰其酒店大堂。下列说法正确的是？

　　A. 乙的制造行为侵犯了甲的专利权
　　B. 丙的销售行为侵犯了甲的专利权
　　C. 丁的使用行为侵犯了甲的专利权，但因其能证明产品的合法来源，可以不承担侵权赔偿责任
　　D. 丁的使用行为未侵犯甲的专利权

【答案】A B D

【知识点】侵犯外观设计专利权的行为

【解析】《专利法》第十一条第二款规定，外观设计专利权被授予后，任何单位或者个人未经专利权人许可，都不得实施其专利，即不得为生产经营目的制造、许诺销售、销售、进口其外观设计专利产品。

根据该条款，禁止他人未经许可实施外观设计专利的情形包括制造、许诺销售、销售、进口，不包括使用外观设计专利产品的行为。本题中，乙、丙未经甲许可制造、销售该外观设计产品，侵犯了甲公司的外观设计专利权。丁的使用行为未侵犯甲的外观设计专利权。因此，选项A、B、D正确，选项C错误。

综上，本题答案为：A、B、D。

96. 如果申请人通过援引在先申请的方式在PCT国际申请中加入了递交申请时遗漏的部分，当该申请进入中国国家阶段时，下列说法正确的是？

A. 申请人可以同时保留援引加入部分和原国际申请日

B. 申请人希望保留援引加入部分的，应在办理进入国家阶段手续时在进入声明中予以指明并请求修改相对于中国的申请日

C. 申请人希望保留原国际申请日的，不能保留援引加入部分

D. 申请人可以在后续审查程序中，请求修改申请日以便保留援引加入的部分

【答案】B C

【知识点】PCT国际申请的援引

【解析】《专利审查指南2010》第三部分第一章第5.3节中规定，因中国对《专利合作条约实施细则》的上述规定作出保留，国际申请在进入国家阶段时，对于通过援引在先申请的方式加入遗漏项目或部分而保留原国际申请日的，专利局将不予认可。对于申请文件中含有援引加入项目或部分的，如果申请人在办理进入国家阶段手续时在进入声明中予以指明并请求修改相对于中国的申请日，则允许申请文件中保留援引加入项目或部分。如果申请人在办理进入国家阶段手续时未予以指明或者未请求修改相对于中国的申请日，则不允许申请文件中保留援引加入项目或部分。因此，选项B、C正确，选项A、D错误。

综上，本题答案为：B、C。

97. 关于PCT国际申请国际阶段的修改，下列说法正确的是？

A. 在国际检索报告传送给申请人之日起2个月内，申请人可依据《专利合作条约》第19条对权利要求书提出修改

B. 在国际公布的技术准备工作完成之前，申请人可依据《专利合作条约》第19条对说明书和附图提出修改

C. 在提出国际初步审查要求时，申请人可依据《专利合作条约》第34条对权利要求书提出修改

D. 在国际初步审查报告作出之前，申请人可依据《专利合作条约》第34条对说明书和

附图提出修改

【答案】A C D

【知识点】PCT国际申请国际阶段的修改

【解析】《专利合作条约实施细则》第46.1条规定，《专利合作条约》第19条所述的期限应为自国际检索单位将国际检索报告传送给国际局和申请人之日起2个月，或者自优先权日起16个月，以后到期者为准，但国际局在适用的期限届满后收到根据《专利合作条约》第19条所作修改的，如果该修改在国际公布的技术准备工作完成之前到达国际局，应认为国际局已在上述期限的最后一日收到该修改。因此，选项A正确。

《专利合作条约》第19条（1）规定，申请人在收到国际检索报告后，有权享受一次机会，在规定的期限内对国际申请的权利要求向国际局提出修改。因此，申请人不能依据《专利合作条约》第19条对说明书和附图提出修改，选项B错误。

《专利合作条约》第34条（2）（b）规定，在国际初步审查报告作出之前，申请人有权依规定的方式，并在规定的期限内修改权利要求书、说明书和附图。因此，选项C正确。

《专利合作条约实施细则》第66.1条（b）规定，申请人可以根据《专利合作条约》第34条在提交国际初步审查要求书时提出修改，或者除该细则第66.4条之二另有规定外，在国际初步审查报告制定之前提出修改。因此，选项D正确。

综上，本题答案为：A、C、D。

98. 某中国申请人于2016年4月26日就其在中国完成的一项发明创造用中文向国家知识产权局提交了一件PCT国际申请。下列说法哪些是正确的？

　　A. 该PCT国际申请是向国家知识产权局提出的，视为同时提出了保密审查请求

　　B. 国际公布应当以中文进行，并且发明的名称、摘要以及摘要附图所附的文字都应使用中文和英文公布

　　C. 申请人最迟应当在2018年12月26日前办理进入中国国家阶段的手续

　　D. 在办理进入中国国家阶段手续时，申请人可以暂不选择要求获得的专利类型

【答案】A B C

【知识点】PCT国际申请的提交和进入中国国家阶段的期限

【解析】《专利法实施细则》第八条第三款规定，向国务院专利行政部门提交专利国际申请的，视为同时提出了保密审查请求。因此，选项A正确。

《专利合作条约实施细则》第48.3条规定，(a)如果国际申请是用阿拉伯文、中文、英文、法文、德文、日文、韩文、葡萄牙文、俄文或者西班牙文（"公布语言"）提出的，该申请应以其提出时使用的语言公布。……(c)如果国际申请是用英文以外的一种语言公布的，根据该细则第48.2条(a)(v)的规定公布的国际检索报告或者《专利合作条约》第17条(2)(a)所述的宣布、发明的名称、摘要以及摘要附图所附的文字都应使用这种语言和英文公布。译文应由国际局负责准备。因此，选项B正确。

《专利法实施细则》第一百零三条规定，国际申请的申请人应当在《专利合作条约》第

二条所称的优先权日起 30 个月内，向国务院专利行政部门办理进入中国国家阶段的手续；申请人未在该期限内办理该手续的，在缴纳宽限费后，可以在自优先权日起 32 个月内办理进入中国国家阶段的手续。本题中，申请人应当在 2018 年 10 月 26 日之前，如果缴纳宽限费，应当在 2018 年 12 月 26 日之前，办理进入中国国家阶段的手续。因此，选项 C 正确。

《专利审查指南 2010》第三部分第一章第 3.1.2 节中规定，国际申请指定中国的，办理进入国家阶段手续时，应当选择要求获得的是"发明专利"或者"实用新型专利"，两者择其一。因此，选项 D 错误。

综上，本题答案为：A、B、C。

99. PCT 国际申请进入国家阶段时涉及单一性问题的，下列说法正确的是？
   A. 在国际阶段的检索和审查中，国际单位未提出单一性问题的，国家知识产权局不能再提出存在单一性缺陷的问题
   B. 在国际阶段的检索和审查中，国际单位未提出单一性问题，而实际上存在单一性缺陷的，国家知识产权局可以提出存在单一性缺陷的问题
   C. 对于申请人因未缴纳单一性恢复费而删除的发明，申请人不得提出分案申请
   D. 对于申请人因未缴纳单一性恢复费而删除的发明，申请人可以提出分案申请

【答案】B C
【知识点】PCT 国际申请进入中国国家阶段时涉及单一性的问题
【解析】《专利法实施细则》第一百一十五条规定，国际申请包含两项以上发明或者实用新型的，申请人可以自进入日起，依照该细则第四十二条第一款的规定提出分案申请。在国际阶段，国际检索单位或者国际初步审查单位认为国际申请不符合《专利合作条约》规定的单一性要求时，申请人未按照规定缴纳附加费，导致国际申请某些部分未经国际检索或者未经国际初步审查，在进入中国国家阶段时，申请人要求将所述部分作为审查基础，国务院专利行政部门认为国际检索单位或者国际初步审查单位对发明单一性的判断正确的，应当通知申请人在指定期限内缴纳单一性恢复费。期满未缴纳或者未足额缴纳的，国际申请中未经检索或者未经国际初步审查的部分视为撤回。因此，选项 A 错误，选项 B 正确。

《专利审查指南 2010》第三部分第二章第 5.5 节中规定，对于申请人因未缴纳单一性恢复费而删除的发明，根据《专利法实施细则》第一百一十五条第二款、第四十二条第一款的规定，申请人不得提出分案申请。因此，选项 C 正确，选项 D 错误。

综上，本题答案为：B、C。

100. 甲向法院起诉乙侵犯了其发明专利权并请求获得赔偿，下列关于侵权赔偿数额的说法正确的是？
   A. 侵权赔偿的数额按照甲因被侵权所受到的实际损失确定，还应包括因研发该专利技术所投入的合理成本
   B. 侵权赔偿的数额可以按照乙因侵权所获得的利益计算

C. 侵权赔偿数额应包括甲为制止侵权行为所支付的合理开支
D. 侵权赔偿数额可以参照该专利许可使用费的倍数合理确定

【答案】BCD

【知识点】专利侵权赔偿数额

【解析】《专利法》第六十五条规定，侵犯专利权的赔偿数额按照权利人因被侵权所受到的实际损失确定；实际损失难以确定的，可以按照侵权人因侵权所获得的利益确定。权利人的损失或者侵权人获得的利益难以确定的，参照该专利许可使用费的倍数合理确定。赔偿数额还应包括权利人为制止侵权行为所支付的合理开支。权利人的损失、侵权人获得的利益和专利许可使用费均难以确定的，人民法院可以根据专利权的类型、侵权行为的性质和情节等因素，确定给予一万元以上一百万元以下的赔偿。因此，赔偿数额未规定包括因研发该专利技术所投入的合理成本，选项A错误，而选项B、C、D正确。

综上，本题答案为：B、C、D。

相关法律知识

答题须知：

1. 本试卷共有100题，每题1分，总分100分。
2. 本试卷要求应试者在机考试卷上选择答案。
3. 本试卷所有试题的正确答案均以现行的法律、法规、规章、相关司法解释和国际条约为准。

一、单项选择题（每题所设选项中只有一个正确答案，多选、错选或不选均不得分）。本部分含第1～30题，每题1分，共30分。

1. 根据《民法总则》及相关规定，下列哪项法律关系不属于民法调整的范围？
   A. 张某与王某之间订立的电脑买卖合同关系
   B. 李某与丁某之间缔结的婚姻关系
   C. 某市税务机关与王某之间的税款征收关系
   D. 某市税务机关与王某之间订立的办公电脑买卖合同关系

【答案】C

【知识点】民法的调整对象

【解析】《民法总则》第二条规定，民法调整平等主体的自然人、法人和非法人组织之间的人身关系和财产关系。选项A、D属于平等主体的自然人之间或自然人和法人之间的财产关系，属于民法的调整对象。选项B属于平等主体的自然人之间的人身关系，属于民法的调整对象。选项C均属于行政主体和行政相对人之间的行政法律关系，不属于民法的调整对象。因此，选项C的说法正确。

综上，本题答案为：C。

2. 甲公司为有限责任公司，总部设在青岛，在北京、上海、广州均设有办事处，根据《民法总则》及相关规定，下列关于该公司住所的表述哪个是正确的？
   A. 甲公司的住所为青岛   B. 甲公司的住所为北京
   C. 甲公司的住所为上海   D. 甲公司的住所为广州

【答案】A

【知识点】法人的住所

【解析】《民法总则》第六十三条规定，法人以其主要办事机构所在地为住所。依法需要办理法人登记的，应当将主要办事机构所在地登记为住所。甲公司的主要办事机构所在地为其总部所在地青岛，因此，选项A的说法正确。

综上，本题答案为：A。

3. 根据《民法总则》及相关规定，下列哪项属于不当得利？
   A. 债务人偿还未到期的债务　　B. 债务人清偿已超过诉讼时效的债务
   C. 养子女向生父母给付赡养费　　D. 顾客多付售货员的货款

【答案】D

【知识点】不当得利

【解析】《民法总则》第一百二十二条规定，因他人没有法律根据，取得不当利益，受损失的人有权请求其返还不当利益。售货员多收到的货款没有合法根据，其获得不当利益的同时造成了他人的损失，因此选项D属于不当得利。

综上，本题答案为：D。

4. 2017年11月5日，张某拒绝向王某偿还到期借款，王某忙于事务一直未向张某主张权利。2019年6月5日，王某出差遇险无法行使请求权的时间为一个月。根据《民法总则》及相关规定，王某向人民法院请求保护其权利的诉讼时效期间为？
   A. 二年　　B. 二年1个月
   C. 三年　　D. 三年1个月

【答案】C

【知识点】诉讼时效的期间　诉讼时效的中止

【解析】《民法总则》第一百八十八条第一款规定，向人民法院请求保护民事权利的诉讼时效期间为三年。法律另有规定的，依照其规定。该案不属于法律另有规定的情形，因此诉讼时效期间为三年，选项A、B的说法错误。《民法总则》第一百九十四条规定，在诉讼时效期间的最后六个月内，因下列障碍，不能行使请求权的，诉讼时效中止：（一）不可抗力；（二）无民事行为能力人或者限制民事行为能力人没有法定代理人，或者法定代理人死亡、丧失民事行为能力、丧失代理权；（三）继承开始后未确定继承人或者遗产管理人；（四）权利人被义务人或者其他人控制；（五）其他导致权利人不能行使请求权的障碍。自中止时效的原因消除之日起满六个月，诉讼时效期间届满。该案王某出差遇险属于上述第（一）种即不可抗力的情形，但是王某出差遇险的时间不在诉讼时效期间的最后六个月内，不属于诉讼时效中止的情形，因此选项D的说法错误。

综上，本题答案为：C。

5. 甲公司与乙公司签订一项专利权转让合同，约定甲公司于合同签署日起将某专利权转让给乙公司并完成专利权转让的登记手续，乙公司于此后10日内完成付款。合同签订后，在甲公司办理专利权变更登记手续前，乙公司因另外一起专利侵权纠纷被人民法院判令巨额赔偿，导致经营状况严重恶化。根据《合同法》及相关规定，甲公司可以通过下列哪个途径维护自己的合法权益？

A. 甲公司有权行使先履行抗辩权　　B. 甲公司有权行使同时履行抗辩权
C. 甲公司有权行使不安抗辩权　　D. 甲公司有权行使后履行抗辩权

【答案】C

【知识点】合同履行的抗辩权

【解析】《合同法》第六十八条规定，应当先履行债务的当事人，有确切证据证明对方有下列情形之一的，可以中止履行：（一）经营状况严重恶化；（二）转移财产、抽逃资金，以逃避债务；（三）丧失商业信誉；（四）有丧失或者可能丧失履行债务能力的其他情形。当事人没有确切证据中止履行的，应当承担违约责任。该案中甲公司依照合同约定应先办理专利权变更登记手续，属于先履行合同义务的当事人，而此时乙公司被判令巨额赔偿导致经营状况严重恶化，属于上述法律规定的第（一）种情形，甲公司可以中止履行，有权行使不安抗辩权维护自己的合法权益。因此，选项C的说法正确。

综上，本题答案为：C。

6. 王某明知自己某项专利技术落入他人专利保护范围，仍与不知情的甲公司签订专利权转让合同，并隐瞒了专利侵权的问题。根据《合同法》及相关规定，下列关于该合同效力的说法哪个是正确的？

A. 有效　　　　B. 无效　　　　C. 效力待定　　　D. 可变更、可撤销

【答案】D

【知识点】可变更、可撤销的合同

【解析】《合同法》第五十二条规定，有下列情形之一的，合同无效：（一）一方以欺诈、胁迫的手段订立合同，损害国家利益；（二）恶意串通，损害国家、集体或者第三人利益；（三）以合法形式掩盖非法目的；（四）损害社会公共利益；（五）违反法律、行政法规的强制性规定。《合同法》第五十四条第二款规定，一方以欺诈、胁迫的手段或者乘人之危，使对方在违背真实意思的情况下订立的合同，受损害方有权请求人民法院或者仲裁机构变更或者撤销。王某隐瞒其专利侵权的问题，属于以欺诈的手段使甲公司在违背真实意思的情况下订立了合同，但由于并非损害国家利益，符合《合同法》第五十四条规定的情形，该合同效力属于可变更、可撤销。因此，选项D的说法正确。

综上，本题答案为：D。

7. 根据《合同法》及相关规定，合同中当事人约定由第三人向债权人履行义务时，当第三人未能履行或履行有瑕疵时，关于违约责任的承担，下列说法哪个是正确的？

A. 合同债务人向债权人承担违约责任
B. 第三人向债权人承担违约责任
C. 合同债务人和第三人共同向债权人承担违约责任
D. 合同债务人和第三人向债权人承担连带违约责任

【答案】A

【知识点】合同的履行 违约责任的承担

【解析】《合同法》第六十五条规定，当事人约定由第三人向债权人履行债务的，第三人不履行债务或者履行债务不符合约定，债务人应当向债权人承担违约责任。因此，选项A的说法正确。

综上，本题答案为：A。

8. 某县人民法院对王某诉张某侵权纠纷一案未经开庭审理即作出了判决，该审判行为直接违反了《民事诉讼法》哪一项原则或者制度？

  A. 违反了辩论原则   B. 违反了处分原则
  C. 违反了合议制度   D. 违反了回避制度

【答案】A

【知识点】《民事诉讼法》的基本原则

【解析】《民事诉讼法》第十二条规定，人民法院审理民事案件时，当事人有权进行辩论。该案中人民法院未经开庭审理即作出判决，违反了辩论原则。因此，选项A的说法正确。

综上，本题答案为：A。

9. 根据《民事诉讼法》及相关规定，关于第一审民事案件的级别管辖，下列哪个表述是正确的？

  A. 基层人民法院管辖所有第一审民事案件
  B. 中级人民法院管辖所有涉外的第一审民事案件
  C. 高级人民法院管辖在本辖区有重大影响的第一审民事案件
  D. 最高人民法院仅管辖在全国有重大影响的第一审民事案件

【答案】C

【知识点】民事诉讼的级别管辖

【解析】《民事诉讼法》第十七条规定，基层人民法院管辖第一审民事案件，但该法另有规定的除外。《民事诉讼法》第十八条规定，中级人民法院管辖下列第一审民事案件：（一）重大涉外案件；（二）在本辖区有重大影响的案件；（三）最高人民法院确定由中级人民法院管辖的案件。《民事诉讼法》第十九条规定，高级人民法院管辖在本辖区有重大影响的第一审民事案件。《民事诉讼法》第二十条规定，最高人民法院管辖下列第一审民事案件：（一）在全国有重大影响的案件；（二）认为应当由本院审理的案件。因此，选项C的说法正确。

综上，本题答案为：C。

10. 10岁的张某与6岁的李某在操场踢球的过程中，张某不慎将李某的眼睛碰伤，双方父母因损害赔偿问题发生争议，决定向人民法院提起诉讼。下列关于该案当事人的说法，哪个是正确的？

A. 李某为原告，张某为被告，分别由其父母为法定代理人
B. 李某的父母为原告，张某的父母为被告
C. 李某为原告，张某的父母为被告
D. 李某的父母为原告，张某为被告

【答案】无

【知识点】诉讼当事人

【解析】《民事诉讼法》第五十七条规定，无诉讼行为能力人由他的监护人作为法定代理人代为诉讼。法定代理人之间互相推诿代理责任的，由人民法院指定其中一人代为诉讼。《最高人民法院关于适用〈中华人民共和国民事诉讼法〉的解释》（法释〔2015〕5号）第六十七条规定，无民事行为能力人、限制民事行为能力人造成他人损害的，无民事行为能力人、限制民事行为能力人和其监护人为共同被告。该案适用司法解释第六十七条规定，张某为限制民事行为能力人，张某及其父母应为共同被告。选项A、C的说法均不完整，但不为错。

综上，本题答案为：无。

11. 根据《民事诉讼法》及相关规定，下列哪些人不能作为证人？

A. 未成年人　　　　　　　　B. 与案件有利害关系的人
C. 被剥夺政治权利的人　　　D. 不能正确表达意思的人

【答案】D

【知识点】民事诉讼证据种类

【解析】《民事诉讼法》第七十二条规定，凡是知道案件情况的单位和个人，都有义务出庭作证。有关单位的负责人应当支持证人作证。不能正确表达意思的人，不能作证。因此，选项D的说法正确。

综上，本题答案为：D。

12. 人民法院受理甲出版社、乙报社著作权纠纷案，判决乙赔偿甲十五万元，并登报赔礼道歉。判决生效后，乙交付十五万元，但未赔礼道歉，甲申请强制执行。执行中，甲、乙自行达成和解协议，约定乙免于赔礼道歉，但另付甲五万元。根据《民事诉讼法》及相关规定，下列关于人民法院做法的说法，哪个是正确的？

A. 不允许，因协议内容超出判决范围，应当继续执行生效判决
B. 允许，人民法院视为申请人撤销执行申请
C. 允许，将当事人协议内容记入笔录，由甲、乙签字或盖章
D. 允许，根据当事人协议内容制作调解书

【答案】C

【知识点】执行和解

【解析】《民事诉讼法》第二百三十条规定，在执行中，双方当事人自行和解达成协议

的，执行员应当将协议内容记入笔录，由双方当事人签名或者盖章。申请执行人因受欺诈、胁迫与被执行人达成和解协议，或者当事人不履行和解协议的，人民法院可以根据当事人的申请，恢复对原生效法律文书的执行。因此，选项 C 的说法正确。

综上，本题答案为：C。

13. 公民、法人或者其他组织依法提出行政复议申请，行政复议机关无正当理由不予受理的情况下，下列说法正确的是？

  A. 上级行政机关应当责令其受理，但不可以直接受理

  B. 上级行政机关应当责令其受理，必要时，上级行政机关也可以直接受理

  C. 上级行政机关无权责令其受理，必要时，上级行政机关可以直接受理

  D. 上级行政机关无权责令其受理，也不能直接受理

【答案】B

【知识点】行政复议的受理机关

【解析】《行政复议法》第二十条规定，公民、法人或者其他组织依法提出行政复议申请，行政复议机关无正当理由不予受理的，上级行政机关应当责令其受理；必要时，上级行政机关也可以直接受理。因此，选项 B 的说法正确。

综上，本题答案为：B。

14. 张某对县税务局的行政处罚不服，向县人民政府申请行政复议，但复议机关维持了原处罚决定，张某逾期不履行该行政复议决定，也未向法院起诉，对此，下列说法正确的是？

  A. 由县税务局依法强制执行，或者申请人民法院强制执行

  B. 由县人民政府依法强制执行，或者申请人民法院强制执行

  C. 县税务局不能强制执行，只能申请人民法院强制执行

  D. 县人民政府不能强制执行，只能申请人民法院强制执行

【答案】A

【知识点】行政复议决定的执行

【解析】《行政复议法》第三十三条规定，申请人逾期不起诉又不履行行政复议决定的，或者不履行最终裁决的行政复议决定的，按照下列规定分别处理：（一）维持具体行政行为的行政复议决定，由作出具体行政行为的行政机关依法强制执行，或者申请人民法院强制执行；（二）变更具体行政行为的行政复议决定，由行政复议机关依法强制执行，或者申请人民法院强制执行。该案属于上述法律规定的第（一）种情形，复议机关维持了原处罚决定，由作出具体行政行为的县税务局依法强制执行，或者申请人民法院强制执行。因此，选项 A 的说法正确。

综上，本题答案为：A。

15. 对国务院部门的具体行政行为不服的，向该部门申请行政复议，对行政复议决定不服

的，下列说法正确的是？

  A. 只能向人民法院提起行政诉讼

  B. 可以向人民法院提起行政诉讼，也可以向国务院申请裁决；对国务院作出的裁决不服的，还可以向人民法院提起行政诉讼

  C. 可以向人民法院提起行政诉讼，也可以向国务院申请裁决，国务院作出的裁决为最终裁决

  D. 必须首先向国务院申请裁决，对国务院作出的裁决不服的，可以向人民法院提起行政诉讼

【答案】C

【知识点】对国务院部门或者省、自治区、直辖市人民政府的复议决定不服的救济

【解析】《行政复议法》第十四条规定，对国务院部门或者省、自治区、直辖市人民政府的具体行政行为不服的，向作出该具体行政行为的国务院部门或者省、自治区、直辖市人民政府申请行政复议。对行政复议决定不服的，可以向人民法院提起行政诉讼；也可以向国务院申请裁决，国务院依照该法的规定作出最终裁决。因此，选项C的说法正确。

  综上，本题答案为：C。

16. 当事人不服下列行为提起诉讼的，属于行政诉讼受案范围的有？

  A. 根据法院的生效判决，国家知识产权局专利局变更了专利权人姓名

  B. 北京市海淀区市场监督管理局作出的没收违法所得的行政处罚决定

  C. 根据已作出的行政决定，北京市海淀区市场监督管理局作出了行政决定履行催告书

  D. 北京市海淀区市场监督管理局作出了撤销行政许可（登记）听证告知书

【答案】B

【知识点】行政诉讼的受案范围

【解析】《行政诉讼法》第十二条规定，人民法院受理公民、法人或者其他组织提起的下列诉讼：（一）对行政拘留、暂扣或者吊销许可证和执照、责令停产停业、没收违法所得、没收非法财物、罚款、警告等行政处罚不服的；……。选项B符合上述法律规定的第（一）种情形，属于行政诉讼受案范围。《最高人民法院关于适用〈中华人民共和国行政诉讼法〉的解释》（法释〔2018〕1号）第一条第二款规定，下列行为不属于人民法院行政诉讼的受案范围：……（六）行政机关为作出行政行为而实施的准备、论证、研究、层报、咨询等过程性行为；（七）行政机关根据人民法院的生效裁判、协助执行通知书作出的执行行为，但行政机关扩大执行范围或者采取违法方式实施的除外；……。选项A、C、D属于执行行为或过程性行为，不属于行政诉讼受案范围。

  综上，本题答案为：B。

17. 行政诉讼中，原告要求相关行政执法人员出庭说明，在下列何种情形下，法院通常不予准许？

A. 原告对现场笔录的合法性有异议的

B. 原告对现场笔录的真实性有异议的

C. 原告对行政执法人员身份的合法性有异议的

D. 原告对被起诉的行政决定有异议的

【答案】D

【知识点】调查取证

【解析】《最高人民法院关于适用〈中华人民共和国行政诉讼法〉的解释》（法释〔2018〕1号）第四十一条规定，有下列情形之一，原告或者第三人要求相关行政执法人员出庭说明的，人民法院可以准许：（一）对现场笔录的合法性或者真实性有异议的；（二）对扣押财产的品种或者数量有异议的；（三）对检验的物品取样或者保管有异议的；（四）对行政执法人员身份的合法性有异议的；（五）需要出庭说明的其他情形。选项A、B、C属于上述要求相关行政执法人员出庭说明，人民法院可以准许的情形，选项D不属于上述情形。因此，选项D的说法符合题意。

综上，本题答案为：D。

18. 当事人王某不服某市知识产权局作出的行政处罚决定，直接向人民法院提起诉讼，下列说法正确的是？

A. 其应当自知道或者应当知道作出行政行为之日起15日内提出

B. 其应当自知道或者应当知道作出行政行为之日起一个月内提出

C. 其应当自知道或者应当知道作出行政行为之日起三个月内提出

D. 其应当自知道或者应当知道作出行政行为之日起六个月内提出

【答案】D

【知识点】起诉的期限

【解析】《行政诉讼法》第四十六条第一款规定，公民、法人或者其他组织直接向人民法院提起诉讼的，应当自知道或者应当知道作出行政行为之日起六个月内提出。法律另有规定的除外。因此，选项D的说法正确。

综上，本题答案为：D。

19. 某县公安局干警张某在协助县林业局执行公务时，遇到往日有嫌隙的王某，张某借故将王某殴打致死，对王某的死亡承担赔偿义务的是？

A. 该县公安局　　　　　　　　B. 该县人民政府

C. 张某　　　　　　　　　　　D. 该县林业局

【答案】C

【知识点】国家赔偿适用的范围

【解析】《国家赔偿法》第五条规定，属于下列情形之一的，国家不承担赔偿责任：（一）行政机关工作人员与行使职权无关的个人行为；（二）因公民、法人和其他组织自己的行为致使损害发生的；（三）法律规定的其他情形。该案中张某殴打王某致死的行为虽然是在张某执行公务过程中发生的，但该行为是基于其与王某的私怨，与其行使的职权无关，故张某的行为属于上述法律规定的第（一）种情形，应自行承担赔偿责任。因此，选项C的说法正确。

综上，本题答案为：C。

20. 根据《著作权法》及相关规定，关于著作权的保护，下列说法正确的是？
   A. 如果文章不是在我国境内创作的，不受我国《著作权法》保护
   B. 外国人在我国境内首先发表的文章受我国《著作权法》保护
   C. 中国人首先在非洲某国家发表的文章，是否受我国《著作权法》保护，取决于该非洲国家是否与我国签订了协议或共同参加了相关国际条约
   D. 只有已发表的文章受我国《著作权法》保护

【答案】B

【知识点】中国公民、外国人著作权保护条件

【解析】《著作权法》第二条规定，中国公民、法人或者其他组织的作品，不论是否发表，依照该法享有著作权。外国人、无国籍人的作品根据其作者所属国或者经常居住地国同中国签订的协议或者共同参加的国际条约享有的著作权，受该法保护。外国人、无国籍人的作品首先在中国境内出版的，依照该法享有著作权。未与中国签订协议或者共同参加国际条约的国家的作者以及无国籍人的作品首次在中国参加的国际条约的成员国出版的，或者在成员国和非成员国同时出版的，受该法保护。因此，选项B的说法正确。

综上，本题答案为：B。

21. 某设计公司的设计师王某接受该公司指派，绘制了一张产品设计图。该设计图主要是利用设计公司的物质技术条件创作，并由该设计公司承担责任。王某与该设计公司没有就设计图的著作权归属进行约定。根据《著作权法》及相关规定，下列说法正确的是？
   A. 王某享有该设计图的著作权，该设计公司可无偿使用
   B. 王某享有该设计图的署名权，该设计公司享有该设计图著作权的其他权利
   C. 王某享有该设计图的发表权、署名权、修改权和保护作品完整权，该设计公司享有该设计图著作权的其他权利
   D. 该设计公司享有该设计图除发表权以外的所有著作权，同时应当给予王某相应的奖励

【答案】B

【知识点】职务作品著作权归属

【解析】《著作权法》第十六条规定，公民为完成法人或者其他组织工作任务所创作的作品是职务作品，除该条第二款的规定以外，著作权由作者享有，但法人或者其他组织有权在其业务范围内优先使用。作品完成两年内，未经单位同意，作者不得许可第三人以与单位使用的相同方式使用该作品。该条第二款进一步规定，有下列情形之一的职务作品，作者享有

署名权，著作权的其他权利由法人或者其他组织享有，法人或者其他组织可以给予作者奖励：（一）主要是利用法人或者其他组织的物质技术条件创作，并由法人或者其他组织承担责任的工程设计图、产品设计图、地图、计算机软件等职务作品；（二）法律、行政法规规定或者合同约定著作权由法人或者其他组织享有的职务作品。该案中王某是接受设计公司工作任务完成的产品设计图，该设计图属于职务作品。同时，该设计图主要利用设计公司的物质技术条件创作，并由该设计公司承担责任，属于《著作权法》第十六条第二款规定的第（一）种情形。所以，作者王某对该设计图享有署名权，而该设计图著作权的其他权利则由设计公司享有。因此，选项B的说法正确。

综上，本题答案为：B。

22. 关于著作权的许可使用和转让，下列说法哪个是正确的？
　　A. 著作权许可合同应当采用书面形式
　　B. 著作权转让合同应当采用书面形式
　　C. 著作权许可合同应当向著作权行政管理部门备案
　　D. 著作权转让合同应当向著作权行政管理部门备案

【答案】B
【知识点】著作权的许可和转让
【解析】《著作权法》第二十四条第一款规定，使用他人作品应当同著作权人订立许可使用合同，该法规定可以不经许可的除外。《著作权法》第二十五条第一款规定，转让该法第十条第一款第（五）项至第（十七）项规定的权利，应当订立书面合同。法律并未规定著作权许可合同必须采用书面形式，故选项A的说法错误，选项B的说法正确。《著作权法实施条例》第二十五条规定，与著作权人订立专有许可使用合同、转让合同的，可以向著作权行政管理部门备案。可见，备案不属于著作权许可或转让合同当事人的法定义务，故选项C、D的说法错误。

综上，本题答案为：B。

23. 在某案审理中，人民法院确认了以下事实：甲公司侵犯乙公司的著作权，乙公司因此遭受到的实际损失为200万元，甲公司因侵权行为取得违法所得为100万元，乙公司为制止侵权行为所支付的合理开支为10万元。根据《著作权法》及相关规定，甲公司应当给予乙公司的赔偿数额是多少？
　　A. 100万元　　　B. 200万元　　　C. 210万元　　　D. 310万元

【答案】C
【知识点】赔偿数额的计算
【解析】《著作权法》第四十九条规定，侵犯著作权或者与著作权有关的权利的，侵权人应当按照权利人的实际损失给予赔偿；实际损失难以计算的，可以按照侵权人的违法所得给予赔偿。赔偿数额还应当包括权利人为制止侵权行为所支付的合理开支。权利人的实际损失或者侵权人的违法所得不能确定的，由人民法院根据侵权行为的情节，判决给予五十万元以下的赔偿。该案中实际损失已经确定，故应按照权利人的实际损失给予赔偿，并应包括权利人为制止侵权行为所支付的合理开支。因此，选项C的赔偿数额正确。

综上，本题答案为：C。

24. 根据《商标法》及相关规定，下列哪个标志不可以作为商标使用？
 A. 同外国的国家名称相同，但经该国政府同意的
 B. 同政府间国际组织的旗帜相同，但不易误导公众的
 C. 县级以上行政区划的地名，但具有其他含义的
 D. 同中央国家机关所在地特定地点的名称相同的

【答案】D

【知识点】不得作为商标使用的标志和不得作为商标注册的标志

【解析】《商标法》第十条第一款规定，下列标志不得作为商标使用：（一）同中华人民共和国的国家名称、国旗、国徽、国歌、军旗、军徽、军歌、勋章等相同或者近似的，以及同中央国家机关的名称、标志、所在地特定地点的名称或者标志性建筑物的名称、图形相同的；（二）同外国的国家名称、国旗、国徽、军旗等相同或者近似的，但经该国政府同意的除外；（三）同政府间国际组织的名称、旗帜、徽记等相同或者近似的，但经该组织同意或者不易误导公众的除外；……。该条第二款规定，县级以上行政区划的地名或者公众知晓的外国地名，不得作为商标。但是，地名具有其他含义或者作为集体商标、证明商标组成部分的除外；已经注册的使用地名的商标继续有效。因此，选项D的说法正确。

综上，本题答案为：D。

25. "慈溪蜜梨"产于浙江省宁波市慈溪市，因其不同于一般梨子，果大，水分特别充足，营养极为丰富而出名。现该地区欲对"慈溪蜜梨"地理标志进行注册保护，在商标法体系下可以如何申请注册？
 A. 申请注册普通商标　　　　　　B. 申请注册地名商标
 C. 申请注册组合商标　　　　　　D. 申请注册证明商标

【答案】D

【知识点】注册商标的类型

【解析】《商标法实施条例》第四条规定，《商标法》第十六条规定的地理标志，可以依照《商标法》和该条例的规定，作为证明商标或者集体商标申请注册。因此，选项D的说法正确。

综上，本题答案为：D。

26. 甲公司于1999年5月8日提交了一份商标注册申请，该商标于2000年2月8日获准注册，目前该商标仍为有效商标。如果甲公司需要继续使用该商标，最迟应于哪天提交注册商标

续展申请?

A. 2020年2月7日 B. 2020年2月8日
C. 2020年8月7日 D. 2020年8月8日

【答案】C

【知识点】续展的期限

【解析】《商标法》第三十九条规定，注册商标的有效期为十年，自核准注册之日起计算。《商标法》第四十条第一款规定，注册商标有效期满，需要继续使用的，商标注册人应当在期满前十二个月内按照规定办理续展手续；在此期间未能办理的，可以给予六个月的宽展期。每次续展注册的有效期为十年，自该商标上一届有效期满次日起计算。期满未办理续展手续的，注销其注册商标。《商标法实施条例》第十二条第二款规定，《商标法》第三十九条、第四十条规定的注册商标有效期从法定日开始起算，期限最后一月相应日的前一日为期限届满日，该月无相应日的，以该月最后一日为期限届满日。该案中商标目前仍为有效商标，因该商标在十年期限届满后又续展十年，故有效期届满日应为2020年2月7日，再次续展应在届满前十二个月内办理，其间未能办理的，可以给予六个月的宽展期，因此最迟于期限届满后六个月办理，即2020年8月7日。因此，选项C的说法正确。

综上，本题答案为：C。

27. 在某商标侵权案件中，注册商标专用权人请求赔偿的，被控侵权人以什么理由提出抗辩可能会免于承担赔偿责任?

A. 注册商标专用权人未使用注册商标
B. 注册商标专用权人未合理使用注册商标
C. 注册商标专用权人使用注册商标未满三年
D. 使用该注册商标的产品质量不达标

【答案】A

【知识点】损害赔偿的抗辩

【解析】《商标法》第六十四条第一款规定，注册商标专用权人请求赔偿，被控侵权人以注册商标专用权人未使用注册商标提出抗辩的，人民法院可以要求注册商标专用权人提供此前三年内实际使用该注册商标的证据。注册商标专用权人不能证明此前三年内实际使用过该注册商标，也不能证明因侵权行为受到其他损失的，被控侵权人不承担赔偿责任。该案中被控侵权人以注册商标专用权人未使用注册商标提出抗辩，若注册商标专用权人不能提供相应证据的，被控侵权人可能会免于承担赔偿责任。因此，选项A的说法正确。

综上，本题答案为：A。

28. 甲公司2018年6月10日创作完成某项布图设计，2019年2月1日首次投入商业利用，2019年8月12日向国家知识产权局申请登记，2019年9月12日获准登记。根据《集成电路布图设计保护条例》的规定，该布图设计保护期应自何日起算?

A. 2018年6月10日 B. 2019年2月1日
C. 2019年8月12日 D. 2019年9月12日

【答案】B

【知识点】集成电路布图设计专有权的期限的起算点

【解析】《集成电路布图设计保护条例》第十二条规定，布图设计专有权的保护期为10年，自布图设计登记申请之日或者在世界任何地方首次投入商业利用之日起计算，以较前日期为准。但是，无论是否登记还是投入商业利用，布图设计自创作完成之日起15年后，不再受该条例保护。该案中首次投入商业利用日期早于布图设计登记申请日期，保护期应以首次投入商业利用日期即2019年2月1日起算。因此，选项B的说法正确。

综上，本题答案为：B。

29. 根据《植物新品种保护条例》及相关规定，下列属于植物新品种受保护的实质性要件是？

  A. 新颖性、创造性、实用性、一致性 B. 新颖性、创造性、一致性、稳定性
  C. 新颖性、特异性、实用性、稳定性 D. 新颖性、特异性、一致性、稳定性

【答案】D

【知识点】授予品种权的条件

【解析】《植物新品种保护条例》第二条规定，该条例所称植物新品种，是指经过人工培育的或者对发现的野生植物加以开发，具备新颖性、特异性、一致性和稳定性并有适当命名的植物品种。因此，选项D的说法正确。

综上，本题答案为：D。

30. 王某就同一项发明先后在中国和美国提出了专利申请，其美国申请以在中国的申请为基础要求了优先权，根据《保护工业产权巴黎公约》的规定，下列说法哪个是正确的？

  A. 如果王某在中国的专利申请被驳回，则其在美国的专利申请同样应当被驳回
  B. 如果王某在中国的专利申请被授予专利权，则其在美国的专利申请同样应当被授予专利权
  C. 对于王某在美国的专利申请，应当按照美国的法律规定来确定能否授予专利权
  D. 对于王某在美国的专利申请，应当按照与中国相同的审查标准来确定能否授予专利权

【答案】C

【知识点】专利的独立性

【解析】《保护工业产权巴黎公约》第四条之二【专利：在不同国家就同一发明取得的专利是相互独立的】规定，(1)本联盟国家的国民向本联盟各国申请的专利，与在其他国家，不论是否本联盟的成员国，就同一发明所取得的专利是相互独立的。(2)上述规定，应从不受限制的意义来理解，特别是指在优先权期间内申请的各项专利，就其无效和丧失权利的理由以及其正常的期间而言，是相互独立的。(3)本规定应适用于在其开始生效时已经存在的

一切专利。(4) 在有新国家加入的情况下，本规定应同样适用于加入时两方面已经存在的专利。(5) 在本联盟各国，因享有优先权的利益而取得的专利的期限，与没有优先权的利益而申请或授予的专利的期限相同。因此，选项C的说法正确。

综上，本题答案为：C。

二、多项选择题（每题所设选项中至少有两个正确答案，多选、少选、错选或不选均不得分）。本部分含第31～100题，每题1分，共70分。

31. 根据《民法总则》及相关规定，非法人组织享有下列哪些民事权利？
   A. 隐私权　　　B. 健康权　　　C. 名誉权　　　D. 名称权

【答案】CD

【知识点】人身权的种类和内容

【解析】《民法总则》第一百一十条规定，自然人享有生命权、身体权、健康权、姓名权、肖像权、名誉权、荣誉权、隐私权、婚姻自主权等权利。法人、非法人组织享有名称权、名誉权、荣誉权等权利。因此，选项C、D的说法正确。

综上，本题答案为：C、D。

32. 根据《民法总则》的规定，关于民事行为能力下列哪些表述是错误的？
   A. 十六周岁以上的公民是成年人，具有完全民事行为能力，可以独立进行民事活动，是完全民事行为能力人
   B. 十四周岁以上不满十六周岁的公民，以自己的劳动收入为主要生活来源的，视为完全民事行为能力人
   C. 十周岁以上的未成年人是限制民事行为能力人，进行民事活动应当征得他的法定代理人的同意
   D. 无民事行为能力人、限制民事行为能力人的监护人是他的法定代理人

【答案】ABC

【知识点】民事行为能力

【解析】《民法总则》第十七条规定，十八周岁以上的自然人为成年人。不满十八周岁的自然人为未成年人。《民法总则》第十八条规定，成年人为完全民事行为能力人，可以独立实施民事法律行为。十六周岁以上的未成年人，以自己的劳动收入为主要生活来源的，视为完全民事行为能力人。《民法总则》第十九条规定，八周岁以上的未成年人为限制民事行为能力人，实施民事法律行为由其法定代理人代理或者经其法定代理人同意、追认，但是可以独立实施纯获利益的民事法律行为或者与其年龄、智力相适应的民事法律行为。《民法总则》第二十条规定，不满八周岁的未成年人为无民事行为能力人，由其法定代理人代理实施民事法律行为。《民法总则》第二十三条规定，无民事行为能力人、限制民事行为能力人的监护人是其法定代理人。因此，选项A、B、C的说法是错误的。

综上，本题答案为：A、B、C。

33. 根据《民法总则》的规定，有效民事法律行为应当具备下列哪些条件?
    A. 行为人具有相应的民事行为能力　　B. 意思表示真实
    C. 符合法律规定的特定形式　　　　　D. 不违反法律或者社会公共利益

【答案】ABCD

【知识点】民事法律行为

【解析】《民法总则》第一百三十五条规定，民事法律行为可以采用书面形式、口头形式或者其他形式；法律、行政法规规定或者当事人约定采用特定形式的，应当采用特定形式。《民法总则》第一百四十三条规定，具备下列条件的民事法律行为有效：（一）行为人具有相应的民事行为能力；（二）意思表示真实；（三）不违反法律、行政法规的强制性规定，不违背公序良俗。因此，选项A、B、C、D的说法正确。

综上，本题答案为：A、B、C、D。

34. 根据《民法通则》及相关规定，下列关于宣告死亡和宣告失踪的说法正确的是?
    A. 宣告失踪不是宣告死亡的必经程序
    B. 公民下落不明满二年的，利害关系人可以向人民法院申请宣告他为失踪人
    C. 有民事行为能力人在被宣告死亡期间实施的民事行为无效
    D. 被宣告死亡的人与配偶的婚姻关系，自死亡宣告之日起消灭

【答案】ABD

【知识点】宣告失踪和宣告死亡

【解析】《民法通则》第二十条第一款规定，公民下落不明满二年的，利害关系人可以向人民法院申请宣告他为失踪人。《民法通则》第二十四条第二款规定，有民事行为能力人在被宣告死亡期间实施的民事法律行为有效。《最高人民法院关于贯彻执行〈中华人民共和国民法通则〉若干问题的意见（试行）》[法（办）发〔1998〕6号]第29条中规定，宣告失踪不是宣告死亡的必经程序；第37条中规定，被宣告死亡的人与配偶的婚姻关系，自死亡宣告之日起消灭。因此，选项A、B、D的说法正确，选项C的说法错误。

综上，本题答案为：A、B、D。

35. 根据《民法总则》及相关规定，下列哪些情形下委托代理终止?
    A. 代理期间届满或者代理事务完成
    B. 被代理人取消委托或者代理人辞去委托
    C. 代理人死亡或者作为代理人的法人终止
    D. 代理人丧失民事行为能力

【答案】ABCD

【知识点】代理关系的消灭

【解析】《民法总则》第一百七十三条规定,有下列情形之一的,委托代理终止:(一)代理期间届满或者代理事务完成;(二)被代理人取消委托或者代理人辞去委托;(三)代理人丧失民事行为能力;(四)代理人或者被代理人死亡;(五)作为代理人或者被代理人的法人、非法人组织终止。因此,选项A、B、C、D的说法正确。

综上,本题答案为:A、B、C、D。

36. 张某在某专利代理事务所实习,表现优异。该事务所与张某达成约定,如果张某一年内通过专利代理师资格考试,将资助其出国进修三个月。根据《民法总则》及相关规定,在张某通过专利代理师资格考试之前,下列说法正确的是?
　　A. 该约定既未成立,也未生效　　B. 该约定已经成立,但未生效
　　C. 该约定是附期限的民事法律行为　　D. 该约定是附条件的民事法律行为

【答案】B D

【知识点】附条件的民事法律行为

【解析】《民法总则》第一百三十四条第一款规定,民事法律行为可以基于双方或者多方的意思表示一致成立,也可以基于单方的意思表示成立。《民法总则》第一百五十八条规定,民事法律行为可以附条件,但是按照其性质不得附条件的除外。附生效条件的民事法律行为,自条件成就时生效。附解除条件的民事法律行为,自条件成就时失效。该案中事务所与张某达成资助张某出国进修三个月的约定,则该约定自双方意思表示一致即成立。该约定将张某通过代理师资格考试作为出国进修的条件,虽然约定一年,但是一年内张某通过考试是条件而非期限,因此该约定是附条件的民事法律行为,自条件成就即张某通过代理师资格考试才生效。因此,选项B、D的说法正确。

综上,本题答案为:B、D。

37. 根据《民法总则》及相关规定,关于无效、被撤销的民事行为,下列说法正确的是?
　　A. 无效的民事行为从行为开始起就没有法律约束力
　　B. 无效的民事行为从人民法院确认无效之日起没有法律约束力
　　C. 被撤销的民事行为从人民法院撤销该民事行为之日起没有法律约束力
　　D. 被撤销的民事行为从行为开始起就没有法律约束力

【答案】A D

【知识点】民事法律行为的效力

【解析】《民法总则》第一百五十五条规定,无效的或者被撤销的民事法律行为自始没有法律约束力。因此,选项A、D的说法正确。

综上,本题答案为:A、D。

38. 根据《民法总则》及相关规定,下列哪些属于侵犯物权应负的法律责任?
　　A. 返还财产　　B. 排除妨碍　　C. 消除危险　　D. 恢复原状

【答案】A B C D

【知识点】承担民事责任的方式

【解析】《民法总则》第一百七十九条第一款规定，承担民事责任的方式主要有：（一）停止侵害；（二）排除妨碍；（三）消除危险；（四）返还财产；（五）恢复原状；（六）修理、重作、更换；（七）继续履行；（八）赔偿损失；（九）支付违约金；（十）消除影响、恢复名誉；（十一）赔礼道歉。前九项均为侵犯物权应负的法律责任。因此，选项A、B、C、D说法正确。

综上，本题答案为：A、B、C、D。

39. 根据《合同法》及相关规定，下列说法正确的是？
   A. 合同关系是发生在平等的民事主体之间的法律关系
   B. 当事人缔结合同应当遵循诚实信用的原则
   C. 合同关系应当为有偿关系
   D. 合同关系的缔结以当事人间的合意为基础

【答案】A B D

【知识点】《合同法》的适用范围

【解析】《合同法》第二条规定，该法所称合同是平等主体的自然人、法人、其他组织之间设立、变更、终止民事权利义务关系的协议。故选项A的说法正确。《合同法》第六条规定，当事人行使权利、履行义务应当遵循诚实信用原则。故选项B的说法正确。《合同法》第一百八十五条规定，赠与合同是赠与人将自己的财产无偿给予受赠人，受赠人表示接受赠与的合同。可见，合同关系不是必须为有偿关系，故选项C的说法错误。《合同法》第四条规定，当事人依法享有自愿订立合同的权利，任何单位和个人不得非法干预。故选项D的说法正确。

综上，本题答案为：A、B、D。

40. 根据《合同法》及相关规定，下列哪些选项属于要约？
   A. 超市货架上的商品标价陈列　　B. 自动售货机上标明可口可乐2.5元一罐
   C. 在拍卖现场，举牌竞拍　　　　D. 发布招股说明书，募集股份

【答案】A B C

【知识点】要约的含义　要约邀请的含义

【解析】《合同法》第十四条规定，要约是希望和他人订立合同的意思表示，该意思表示应当符合下列规定：（一）内容具体确定；（二）表明经受要约人承诺，要约人即受该意思表示约束。选项A、B、C符合要约的成立要件，属于要约。《合同法》第十五条规定，要约邀请是希望他人向自己发出要约的意思表示。寄送的价目表、拍卖公告、招标公告、招股说明书、商业广告等为要约邀请。商业广告的内容符合要约规定的，视为要约。因此，选项D属于要约邀请。

综上，本题答案为：A、B、C。

41. 根据《合同法》及相关规定，关于合同的成立，下列说法正确的是？
    A. 受要约人在承诺期限内作出承诺，该承诺因送达原因而迟到的，除要约人及时通知受要约人因承诺超过期限不接受该承诺的以外，该承诺有效
    B. 以信件往来方式订立的合同，当事人不可以在合同成立之前再要求签订确认书
    C. 采用数据电文形式订立合同的，当事人可以在合同成立之前要求签订确认书
    D. 法律规定采用书面形式订立合同，当事人没有采用书面形式，但一方履行了主要义务，对方也接受的，合同成立

【答案】A C D
【知识点】合同的成立
【解析】《合同法》第二十九条规定，受要约人在承诺期限内发出承诺，按照通常情形能够及时到达要约人，但因其他原因承诺到达要约人时超过承诺期限的，除要约人及时通知受要约人因承诺超过期限不接受该承诺的以外，该承诺有效。因此，选项A的说法正确。《合同法》第三十三条规定，当事人采用信件、数据电文等形式订立合同的，可以在合同成立之前要求签订确认书。签订确认书时合同成立。因此，选项B的说法错误，选项C的说法正确。《合同法》第三十六条规定，法律、行政法规规定或者当事人约定采用书面形式订立合同，当事人未采用书面形式但一方已经履行主要义务，对方接受的，该合同成立。因此，选项D的说法正确。

综上，本题答案为：A、C、D。

42. 根据《合同法》及相关规定，下列关于格式条款的说法正确的是？
    A. 格式条款是当事人为了重复使用而预先拟定，并在订立合同时未与对方协商确定的条款
    B. 提供格式条款一方排除对方主要权利的条款无效
    C. 对格式条款有两种以上解释的，应当作出有利于提供格式条款一方的解释
    D. 格式条款和非格式条款不一致的，应当采用格式条款

【答案】A B
【知识点】格式条款合同的含义　格式条款的效力　格式条款的解释
【解析】《合同法》第三十九条规定，采用格式条款订立合同的，提供格式条款的一方应当遵循公平原则确定当事人之间的权利和义务，并采取合理的方式提请对方注意免除或者限制其责任的条款，按照对方的要求，对该条款予以说明。格式条款是当事人为了重复使用而预先拟定，并在订立合同时未与对方协商的条款。因此，选项A的说法正确。《合同法》第四十条规定，格式条款具有该法第五十二条和第五十三条规定情形的，或者提供格式条款一方免除其责任、加重对方责任、排除对方主要权利的，该条款无效。因此，选项B的说法正确。《合同法》第四十一条规定，对格式条款的理解发生争议的，应当按照通常理解予以解

释。对格式条款有两种以上解释的，应当作出不利于提供格式条款一方的解释。格式条款和非格式条款不一致的，应当采用非格式条款。因此，选项C、D的说法错误。

综上，本题答案为：A、B。

43. 甲公司委托乙代理机构与丙公司谈判购买一项专利权，乙代理机构委派代理师王某与丙公司谈判。谈判过程中王某认为丙公司的另一项专利更好，便自作主张以甲公司的名义与丙公司签订了该项专利的转让合同。丙公司未审核乙代理机构的代理权限，便与之订立了专利权转让合同。根据《合同法》及相关规定，下列说法正确的是？
  A. 甲公司对该项合同有追认权   B. 丙公司对该项合同有催告权
  C. 丙公司对该项合同有撤销权   D. 甲公司对该项合同有撤销权

【答案】A B C

【知识点】超越代理权订立合同的效力

【解析】《合同法》第四十八条规定，行为人没有代理权、超越代理权或者代理权终止后以被代理人名义订立的合同，未经被代理人追认，对被代理人不发生效力，由行为人承担责任。相对人可以催告被代理人在一个月内予以追认。被代理人未作表示的，视为拒绝追认。合同被追认之前，善意相对人有撤销的权利。撤销应当以通知的方式作出。王某自作主张以甲公司的名义与丙公司签订了另一专利的转让合同，属于超越代理权的行为，相对人丙公司可以催告被代理人甲公司在一个月内追认，故丙公司有催告权，甲公司有追认权，因此，选项A、B的说法正确。丙公司是善意相对人，因此丙公司对于王某超越代理权订立的合同有撤销的权利，因此，选项C的说法正确。

综上，本题答案为：A、B、C。

44. 王某享有对张某的到期债权100万元，同时，王某欠李某80万元，该债务已到期。此时，王某没有其他财产偿还给李某，但为逃避该笔债务，王某一直不积极催讨对张某的到期债权。根据《合同法》及相关规定，下列关于李某行使代位权的说法错误的是？
  A. 李某可以以自己的名义起诉张某
  B. 李某的诉讼请求为100万元
  C. 李某既可以以自己的名义起诉张某，也可以以王某的名义起诉张某
  D. 李某可以以张某为被申请人向仲裁机构申请仲裁

【答案】B C D

【知识点】代位权

【解析】《合同法》第七十三条第一款规定，因债务人怠于行使其到期债权，对债权人造成损害的，债权人可以向人民法院请求以自己的名义代位行使债务人的债权，但该债权专属于债务人自身的除外。李某可以以自己的名义向人民法院起诉张某，因此，选项A的说法正确，选项C、D的说法错误。该条第二款规定，代位权的行使范围以债权人的债权为限。债权人行使代位权的必要费用，由债务人负担。李某的债权为80万元，其只能代为行使王

某对张某的债权80万元,因此,选项B的说法错误。

综上,本题答案为:B、C、D。

45. 甲公司向乙公司订购了一批燃气热水器,但合同中对质量未作规定,根据《合同法》及相关规定,下列说法正确的是?
    A. 双方可以通过协议补充质量验收标准
    B. 双方无法达成补充协议且依照合同有关条款或交易习惯无法确定的,按国家标准、行业标准履行
    C. 关于产品质量标准没有国家标准、行业标准的,按照通常标准或者符合合同目的的特定标准履行
    D. 买卖合同中欠缺质量这一主要条款,合同不成立

【答案】A B C
【知识点】合同的解释
【解析】《合同法》第六十一条规定,合同生效后,当事人就质量、价款或者报酬、履行地点等内容没有约定或者约定不明确的,可以协议补充;不能达成补充协议的,按照合同有关条款或者交易习惯确定。质量验收标准可以协议补充,因此,选项A的说法正确。合同中欠缺质量条款并不能导致合同不成立,因此,选项D的说法错误。《合同法》第六十二条第一款规定,当事人就有关合同内容约定不明确,依照该法第六十一条的规定仍不能确定的,适用下列规定:(一)质量要求不明确的,按照国家标准、行业标准履行;没有国家标准、行业标准的,按照通常标准或者符合合同目的的特定标准履行。……因此,选项B、C的说法正确。

综上,本题答案为:A、B、C。

46. 根据《合同法》及相关规定,有下列哪些情形之一的,当事人可以解除合同?
    A. 因不可抗力致使不能实现合同目的
    B. 当事人一方迟延履行主要债务,经催告后在合理期限内仍未履行
    C. 当事人一方不完全履行,但不影响合同目的的实现
    D. 在履行期限届满之前,当事人一方明确表示或者以自己的行为表明不履行主要债务

【答案】A B D
【知识点】合同的解除
【解析】《合同法》第九十四条规定,有下列情形之一的,当事人可以解除合同:(一)因不可抗力致使不能实现合同目的;(二)在履行期限届满之前,当事人一方明确表示或者以自己的行为表明不履行主要债务;(三)当事人一方迟延履行主要债务,经催告后在合理期限内仍未履行;(四)当事人一方迟延履行债务或者有其他违约行为致使不能实现合同目的;(五)法律规定的其他情形。选项A、B、D分别属于上述第(一)、(三)、(二)种当事人可以解除合同的情形。选项C当事人一方不完全履行但不影响合同目的的实现不属于上述可

以解除合同的第（四）种情形。

综上，本题答案为：A、B、D。

47. 根据《合同法》及相关规定，关于合作开发完成的发明创造技术成果归属，下列说法正确的是？

A. 除另有约定外，申请专利的权利属于合作开发的当事人共有
B. 当事人一方转让其共有的专利申请权，其他各方享有以同等条件优先受让的权利
C. 当事人一方声明放弃其共有的专利申请权的，可以由另一方单独申请或由其他各方共同申请
D. 当事人一方不同意申请专利的，另一方或者其他各方不得申请专利

【答案】A B C D

【知识点】技术开发合同

【解析】《合同法》第三百四十条规定，合作开发完成的发明创造，除当事人另有约定的以外，申请专利的权利属于合作开发的当事人共有。当事人一方转让其共有的专利申请权的，其他各方享有以同等条件优先受让的权利。合作开发的当事人一方声明放弃其共有的专利申请权的，可以由另一方单独申请或者由其他各方共同申请。申请人取得专利权的，放弃专利申请权的一方可以免费实施该专利。合作开发的当事人一方不同意申请专利的，另一方或者其他各方不得申请专利。因此，选项A、B、C、D的说法正确。

综上，本题答案为：A、B、C、D。

48. 甲公司利用从乙公司受让的一项专利技术所生产专利产品被丙公司指控为侵权，人民法院判决侵权成立，并要求甲公司赔偿损失2000万元。根据《合同法》及相关规定，下列说法正确的是？

A. 如果甲乙公司之间对损害赔偿没有约定，应由乙公司向丙公司承担赔偿责任
B. 如果甲乙公司之间对损害赔偿没有约定，应由甲公司向丙公司承担赔偿责任
C. 如果甲乙公司之间对损害赔偿没有约定，由甲公司、乙公司承担连带责任
D. 如果甲乙公司之间对损害赔偿有约定，则按照约定进行赔偿

【答案】A D

【知识点】技术转让合同

【解析】《合同法》第三百五十三条规定，受让人按照约定实施专利、使用技术秘密侵害他人合法权益的，由让与人承担责任，但当事人另有约定的除外。若甲乙公司之间对损害赔偿没有约定的，由让与人即乙公司向丙公司承担赔偿责任，有约定的按照约定承担赔偿责任。因此，选项A、D的说法正确。

综上，本题答案为：A、D。

49. 甲公司委托乙公司就甲公司原有产品的生产方法进行改进，乙公司依约完成了改进工

作。随后，乙公司将取得的技术成果交付给了甲公司，并向国家知识产权局申请并获得方法发明专利权。根据《合同法》及相关规定，下列说法正确的是？

  A. 专利申请权归乙公司

  B. 若乙公司获得了专利权，则甲公司使用该项技术需要取得乙公司的许可并支付报酬

  C. 若乙公司获得了专利权，则甲公司使用该项技术需要取得乙公司的许可，但不必支付报酬

  D. 若乙公司获得了专利权，则甲公司使用该项技术不需要取得乙公司的许可，也不必支付报酬

【答案】AD

【知识点】技术开发合同

【解析】《合同法》第三百三十九条规定，委托开发完成的发明创造，除当事人另有约定的以外，申请专利的权利属于研究开发人。研究开发人取得专利权的，委托人可以免费实施该专利。研究开发人转让专利申请权的，委托人享有以同等条件优先受让的权利。该案中研究开发人乙公司享有专利申请权，若乙公司获得专利权，委托人甲公司可以免费实施该技术，并不需要乙公司的许可。因此，选项A、D的说法正确。

  综上，本题答案为：A、D。

50. 某民事案件审理过程中，当事人对合议庭组成人员提出回避请求，根据《民事诉讼法》及相关规定，下列说法正确的是？

  A. 当事人申请审判人员回避的，应由审判委员会决定

  B. 当事人申请陪审员回避的，应由审判长决定

  C. 当事人对人民法院驳回回避申请的决定不服，可以向原人民法院申请复议一次

  D. 人民法院驳回当事人的回避申请，当事人不服申请复议的，复议期间被申请回避人不停止参与本案的审理工作

【答案】CD

【知识点】回避制度

【解析】《民事诉讼法》第四十六条规定，院长担任审判长时的回避，由审判委员会决定；审判人员的回避，由院长决定；其他人员的回避，由审判长决定。陪审员属于审判人员，当事人申请回避，应由院长决定，因此，选项A、B的说法错误。《民事诉讼法》第四十七条规定，人民法院对当事人提出的回避申请，应当在申请提出的三日内，以口头或者书面形式作出决定。申请人对决定不服的，可以在接到决定时申请复议一次。复议期间，被申请回避的人员，不停止参与本案的工作。人民法院对复议申请，应当在三日内作出复议决定，并通知复议申请人。因此，选项C、D的说法正确。

  综上，本题答案为：C、D。

51. 根据《民事诉讼法》及相关规定，关于地域管辖，下列说法正确的是？

A. 因侵权行为提起的诉讼，由侵权行为地或者被告住所地人民法院管辖

B. 因合同纠纷提起的诉讼，由被告住所地或者合同履行地人民法院管辖

C. 因继承遗产纠纷提起的诉讼，由被继承人死亡时住所地或者主要遗产所在地人民法院管辖

D. 因公司设立纠纷提起的诉讼，由公司住所地人民法院管辖

【答案】ABCD

【知识点】民事诉讼的地域管辖

【解析】《民事诉讼法》第二十八条规定，因侵权行为提起的诉讼，由侵权行为地或者被告住所地人民法院管辖。《民事诉讼法》第二十三条规定，因合同纠纷提起的诉讼，由被告住所地或者合同履行地人民法院管辖。《民事诉讼法》第三十三条规定，下列案件，由该条规定的人民法院专属管辖：……（三）因继承遗产纠纷提起的诉讼，由被继承人死亡时住所地或者主要遗产所在地人民法院管辖。《民事诉讼法》第二十六条规定，因公司设立、确认股东资格、分配利润、解散等纠纷提起的诉讼，由公司住所地人民法院管辖。因此，选项A、B、C、D的说法正确。

综上，本题答案为：A、B、C、D。

52. 根据《民事诉讼法》及相关规定，对于两个以上人民法院都有管辖权的民事诉讼案件，下列说法正确的是？

A. 先立案的人民法院可以将案件移送给另一个有管辖权的人民法院

B. 人民法院在立案前发现其他有管辖权的人民法院已先立案的，不得重复立案

C. 人民法院在立案后发现其他有管辖权的人民法院已先立案的，裁定将案件移送给先立案的人民法院

D. 有管辖权的人民法院受理案件后，不得以行政区域变更为由，将案件移送给变更后有管辖权的人民法院

【答案】BCD

【知识点】民事诉讼的移送管辖

【解析】《最高人民法院关于适用〈中华人民共和国民事诉讼法〉的解释》（法释〔2015〕5号）第三十六条规定，两个以上人民法院都有管辖权的诉讼，先立案的人民法院不得将案件移送给另一个有管辖权的人民法院。人民法院在立案前发现其他有管辖权的人民法院已先立案的，不得重复立案；立案后发现其他有管辖权的人民法院已先立案的，裁定将案件移送给先立案的人民法院。该解释第三十八条中规定，有管辖权的人民法院受理案件后，不得以行政区域变更为由，将案件移送给变更后有管辖权的人民法院。因此，选项B、C、D的说法正确。

综上，本题答案为：B、C、D。

53. 王某因与甲公司发生合同纠纷，遂委托李律师全权代理诉讼，但未作具体的授权。此种情况下，李律师在诉讼中无权实施下列哪些行为？

A. 提出管辖权异议　　B. 提起反诉
C. 提起上诉　　D. 部分变更诉讼请求

【答案】BCD
【知识点】诉讼代理人
【解析】《民事诉讼法》第五十九条第一款和第二款规定，委托他人代为诉讼，必须向人民法院提交由委托人签名或者盖章的授权委托书。授权委托书必须记明委托事项和权限。诉讼代理人代为承认、放弃、变更诉讼请求，进行和解，提起反诉或者上诉，必须有委托人的特别授权。该案中李律师没有王某的特别授权，因此无权实施提起反诉、上诉或变更诉讼请求的行为。因此，选项B、C、D的说法正确。

综上，本题答案为：B、C、D。

54. 根据《民事诉讼法》及相关规定，下列哪些情形当事人及其诉讼代理人可以申请人民法院调查取证？
　　A. 申请调查收集的证据属于国家有关机关保存并须人民法院依职权调取的档案材料
　　B. 当事人及其诉讼代理人确因客观原因不能自行收集的其他材料
　　C. 涉及国家秘密、商业秘密、个人隐私的材料
　　D. 涉及可能损害国家利益、社会公共利益或者他人合法权益的事实

【答案】ABC
【知识点】人民法院调查收集证据
【解析】《最高人民法院关于民事诉讼证据的若干规定》（法释〔2001〕33号）❶第十七条规定，符合下列条件之一的，当事人及其诉讼代理人可以申请人民法院调查收集证据：（一）申请调查收集的证据属于国家有关部门保存并须人民法院依职权调取的档案材料；（二）涉及国家秘密、商业秘密、个人隐私的材料；（三）当事人及其诉讼代理人确因客观原因不能自行收集的其他材料。选项A、B、C属于上述司法解释规定的可以申请人民法院调查收集证据的三种情形，因此，选项A、B、C的说法正确。

综上，本题答案为：A、B、C。

55. 根据《民事诉讼法》及相关规定，下列关于诉前财产保全的说法，正确的是？
　　A. 人民法院可以依职权主动采取诉前财产保全措施
　　B. 利害关系人因情况紧急，不立即申请财产保全将会使其合法权益受到难以弥补的损害的，可以申请诉前财产保全
　　C. 人民法院接受申请后，必须在48小时内作出裁定
　　D. 申请人可以不提供担保

---

❶ 该司法解释于2019年10月14日修正，自2020年5月1日起施行。因专利代理师资格考试以考试时的司法解释为准，故该题解析采用修正前版本。

【答案】BC
【知识点】诉前财产保全
【解析】《民事诉讼法》第一百零一条第一款和第二款规定,利害关系人因情况紧急,不立即申请保全将会使其合法权益受到难以弥补的损害的,可以在提起诉讼或者申请仲裁前向被保全财产所在地、被申请人住所地或者对案件有管辖权的人民法院申请采取保全措施。申请人应当提供担保,不提供担保的,裁定驳回申请。人民法院接受申请后,必须在四十八小时内作出裁定;裁定采取保全措施的,应当立即开始执行。因此,选项B、C的说法正确,选项D的说法错误。诉前财产保全措施是应当事人申请才能启动,人民法院不可以依职权主动采取该措施,因此,选项A的说法错误。

综上,本题答案为:B、C。

56. 根据《民事诉讼法》及相关规定,当事人对人民法院在民事诉讼第一审程序中作出的下列哪些裁定不服的,可以提起上诉?

A. 不予受理的裁定　　　　　　B. 不准许撤诉的裁定
C. 中止诉讼的裁定　　　　　　D. 驳回起诉的裁定

【答案】AD
【知识点】裁定不服的上诉
【解析】《民事诉讼法》第一百五十四条第一款和第二款规定,裁定适用于下列范围:(一)不予受理;(二)对管辖权有异议的;(三)驳回起诉;(四)保全和先予执行;(五)准许或者不准许撤诉;(六)中止或者终结诉讼;(七)补正判决书中的笔误;(八)中止或者终结执行;(九)撤销或者不予执行仲裁裁决;(十)不予执行公证机关赋予强制执行效力的债权文书;(十一)其他需要裁定解决的事项。对前款第一项至第三项裁定,可以上诉。因此,选项A、D的说法正确。

综上,本题答案为:A、D。

57. 根据《民事诉讼法》及相关规定,下列哪些情形下民事诉讼终结?

A. 原告死亡,没有继承人的
B. 被告丧失诉讼行为能力,尚未确定法定代理人的
C. 离婚案件一方当事人死亡的
D. 作为一方当事人的法人或者其他组织终止,尚未确定权利义务承受人的

【答案】AC
【知识点】诉讼终结
【解析】《民事诉讼法》第一百五十一条规定,有下列情形之一的,终结诉讼:(一)原告死亡,没有继承人,或者继承人放弃诉讼权利的;(二)被告死亡,没有遗产,也没有应当承担义务的人的;(三)离婚案件一方当事人死亡的;(四)追索赡养费、扶养费、抚育费以及解除收养关系案件的一方当事人死亡的。因此,选项A、C的说法正确。

综上，本题答案为：A、C。

58. 郑某与王某因专利权属纠纷诉至北京知识产权法院。北京知识产权法院作出的一审判决发生法律效力后，郑某认为一审判决适用法律错误，欲申请再审。根据《民事诉讼法》及相关规定，下列说法正确的是？

　　A. 郑某可以向北京知识产权法院申请再审
　　B. 郑某可以向北京知识产权法院的上一级法院申请再审
　　C. 郑某申请再审的，应当在一审判决发生法律效力后六个月内提出
　　D. 郑某申请再审的，人民法院应当裁定停止原判决的执行

【答案】A B C
【知识点】基于当事人诉讼的申请再审
【解析】《民事诉讼法》第一百九十九条规定，当事人对已经发生法律效力的判决、裁定，认为有错误的，可以向上一级人民法院申请再审；当事人一方人数众多或者当事人双方为公民的案件，也可以向原审人民法院申请再审。当事人申请再审的，不停止判决、裁定的执行。该案双方当事人均为公民，既可以向上一级人民法院申请再审，也可以向原审人民法院申请再审，当事人申请再审的，不停止判决、裁定的执行。因此，选项A、B的说法正确，选项D的说法错误。《民事诉讼法》第二百零五条规定，当事人申请再审，应当在判决、裁定发生法律效力后六个月内提出；有该法第二百条第一项、第三项、第十二项、第十三项规定情形的，自知道或者应当知道之日起六个月内提出。因此，选项C的说法正确。

综上，本题答案为：A、B、C。

59. 商务部对某一企业作出处以30万元罚款的行政处罚，该企业不服，申请行政复议，下列说法正确的是？

　　A. 该企业既可以向国务院也可以向商务部申请复议
　　B. 在行政复议中，行政复议机关应当审查罚款决定的适当性
　　C. 该企业如果对行政复议决定不服，可以提起行政诉讼
　　D. 如在复议过程中，企业自愿撤回复议申请的，不得再以同一事实和理由提出行政复议申请

【答案】B C D
【知识点】行政复议的合法性与合理性审查原则　行政复议申请
【解析】《行政复议法》第十四条规定，对国务院部门或者省、自治区、直辖市人民政府的具体行政行为不服的，向作出该具体行政行为的国务院部门或者省、自治区、直辖市人民政府申请行政复议。对行政复议决定不服的，可以向人民法院提起行政诉讼；也可以向国务院申请裁决，国务院依照该法的规定作出最终裁决。因此，选项A的说法错误，选项C的说法正确。《行政复议法》第三条第一款规定，依照该法履行行政复议职责的行政机关是行政复议机关。行政复议机关负责法制工作的机构具体办理行政复议事项，履行下列职责：……（三）审查申请行政复议的具体行政行为是否合法与适当，拟订行政复议决定；……。因此，

选项 B 的说法正确。《行政复议法实施条例》第三十八条规定，申请人在行政复议决定作出前自愿撤回行政复议申请的，经行政复议机构同意，可以撤回。申请人撤回行政复议申请的，不得再以同一事实和理由提出行政复议申请。但是，申请人能够证明撤回行政复议申请违背其真实意思表示的除外。因此，选项 D 的说法正确。

综上，本题答案为：B、C、D。

60. 根据《行政复议法》及相关规定，有关行政复议第三人，下列说法正确的是？
    A. 第三人同申请行政复议的具体行政行为有利害关系
    B. 行政复议机构可以通知第三人参加复议程序
    C. 第三人可以向行政复议机构申请参加复议
    D. 第三人不参加复议程序会影响复议案件审理

【答案】A B C

【知识点】行政复议第三人

【解析】《行政复议法》第十条规定，依照该法申请行政复议的公民、法人或者其他组织是申请人。有权申请行政复议的公民死亡的，其近亲属可以申请行政复议。有权申请行政复议的公民为无民事行为能力人或者限制民事行为能力人的，其法定代理人可以代为申请行政复议。有权申请行政复议的法人或者其他组织终止的，承受其权利的法人或者其他组织可以申请行政复议。同申请行政复议的具体行政行为有利害关系的其他公民、法人或者其他组织，可以作为第三人参加行政复议。公民、法人或者其他组织对行政机关的具体行政行为不服申请行政复议的，作出具体行政行为的行政机关是被申请人。申请人、第三人可以委托代理人代为参加行政复议。《行政复议法实施条例》第九条规定，行政复议期间，行政复议机构认为申请人以外的公民、法人或者其他组织与被审查的具体行政行为有利害关系的，可以通知其作为第三人参加行政复议。行政复议期间，申请人以外的公民、法人或者其他组织与被审查的具体行政行为有利害关系的，可以向行政复议机构申请作为第三人参加行政复议。第三人不参加行政复议，不影响行政复议案件的审理。因此，选项 A、B、C 的说法正确，选项 D 的说法错误。

综上，本题答案为：A、B、C。

61. 根据《行政复议法》及相关规定，下列哪些情形可以申请行政复议？
    A. 王某对某行政机关作出的冻结财产的行政强制措施决定不服的
    B. 王某对国家知识产权局吊销其专利代理师资格证不服的
    C. 王某对某行政机关作出的警告的行政处罚决定不服的
    D. 王某对某行政机关就其与某公司之间的民事纠纷作出的调解不服的

【答案】A B C

【知识点】行政复议的受案范围

【解析】《行政复议法》第六条第一款规定，有下列情形之一的，公民、法人或者其他组织可以依照该法申请行政复议：（一）对行政机关作出的警告、罚款、没收违法所得、没收非法财物、责令停产停业、暂扣或者吊销许可证、暂扣或者吊销执照、行政拘留等行政处罚决定不服的；（二）对行政机关作出的限制人身自由或者查封、扣押、冻结财产等行政强制措施决定不服的；……。选项A、B、C分别属于上述条文中第（二）项和第（一）项中的情形，可以申请复议，选项A、B、C的说法正确。《行政复议法》第八条第二款规定，不服行政机关对民事纠纷作出的调解或者其他处理，依法申请仲裁或者向人民法院提起诉讼。因此，选项D不可以申请行政复议，说法是错误的。

综上，本题答案为：A、B、C。

62. 根据《行政复议法》及相关规定，公民在对具体行政行为申请行政复议时，下列哪些内容可以一并申请对其进行审查？

  A. 地方人民政府规章　　　　　　B. 国务院部、委员会规章
  C. 乡人民政府的规定　　　　　　D. 国务院部门的规定

【答案】CD

【知识点】对部分抽象行政行为的附带审查

【解析】《行政复议法》第七条规定，公民、法人或者其他组织认为行政机关的具体行政行为所依据的下列规定不合法，在对具体行政行为申请行政复议时，可以一并向行政复议机关提出对该规定的审查申请：（一）国务院部门的规定；（二）县级以上地方各级人民政府及其工作部门的规定；（三）乡、镇人民政府的规定。前款所列规定不含国务院部、委员会规章和地方人民政府规章。规章的审查依照法律、行政法规办理。因此，选项A、B的说法错误，选项C、D的说法正确。

综上，本题答案为：C、D。

63. 某市知识产权局在行政执法中，向假冒专利的企业甲作出罚款3万元的行政处罚决定。企业甲不服，申请行政复议，下列说法正确的是？

  A. 当事人经调解达成协议的，行政复议机关应当制作行政复议调解书
  B. 行政调解书经行政复议机关盖章后即具有法律效力
  C. 在行政复议中，如果复议机关认为罚款明显偏轻，其可以变更被申请复议的行政行为，将行政处罚改为罚款4万元
  D. 本案属于可以进行行政调解的情形

【答案】AD

【知识点】行政复议的调解

【解析】《行政复议法实施条例》第五十条第一款和第二款规定，有下列情形之一的，行政复议机关可以按照自愿、合法的原则进行调解：（一）公民、法人或者其他组织对行政机关行使法律、法规规定的自由裁量权作出的具体行政行为不服申请行政复议的；（二）当事人之间的行政赔偿或者行政补偿纠纷。当事人经调解达成协议的，行政复议机关应当制作行

政复议调解书。调解书应当载明行政复议请求、事实、理由和调解结果，并加盖行政复议机关印章。行政复议调解书经双方当事人签字，即具有法律效力。该案属于行政机关行使法律、法规规定对罚款数额的自由裁量权而作出的具体行政行为，属于可以进行行政调解的情形；当事人经调解达成协议的，行政复议机关应当制作行政复议调解书，行政复议调解书经双方当事人签字即具有法律效力。因此，选项A、D的说法正确，选项B的说法错误。《行政复议法实施条例》第五十一条规定，行政复议机关在申请人的行政复议请求范围内，不得作出对申请人更为不利的行政复议决定。选项C是作出了对申请人更为不利的行政复议决定，因此，选项C的说法错误。

综上，本题答案为：A、D。

64. 根据《行政复议法》及相关规定，下列说法正确的是？
   A. 申请人在申请行政复议时可以一并提出行政赔偿请求
   B. 申请人在申请行政复议时不能一并提出行政赔偿请求
   C. 行政复议决定书一经送达，即发生法律效力
   D. 行政复议决定书送达后，15个工作日后发生法律效力

【答案】AC

【知识点】附带行政赔偿请求 行政复议决定的效力

【解析】《行政复议法》第二十九条第一款规定，申请人在申请行政复议时可以一并提出行政赔偿请求，行政复议机关对符合《国家赔偿法》的有关规定应当给予赔偿的，在决定撤销、变更具体行政行为或者确认具体行政行为违法时，应当同时决定被申请人依法给予赔偿。因此，选项A的说法正确，选项B的说法错误。《行政复议法》第三十一条第三款规定，行政复议决定书一经送达，即发生法律效力。因此，选项C的说法正确，选项D的说法错误。

综上，本题答案为：A、C。

65. 下列哪些案件属于中级人民法院管辖的第一审行政案件？
   A. 对国务院部门所作的行政行为提起诉讼的案件
   B. 对县级以上地方人民政府所作的行政行为提起诉讼的案件
   C. 海关处理的案件
   D. 本辖区内重大、复杂的案件

【答案】ABCD

【知识点】行政诉讼的级别管辖

【解析】《行政诉讼法》第十五条规定，中级人民法院管辖下列第一审行政案件：（一）对国务院部门或者县级以上地方人民政府所作的行政行为提起诉讼的案件；（二）海关处理的案件；（三）本辖区内重大、复杂的案件；（四）其他法律规定由中级人民法院管辖的案件。因此，选项A、B、C、D的说法正确。

综上，本题答案为：A、B、C、D。

66. 中外合资企业甲认为其企业权益受行政行为侵害的，下列说法正确的是？

　　A. 外方投资者可以以自己的名义提起行政诉讼

　　B. 企业甲可以以自己的名义提起行政诉讼

　　C. 外方投资者若以保护企业权益为由提起行政诉讼，其应以企业甲的名义提起行政诉讼

　　D. 外方投资者以保护自己的权益为由提起行政诉讼的，其也应以企业甲的名义提起行政诉讼

【答案】A B

【知识点】行政诉讼参加人

【解析】《最高人民法院关于适用〈中华人民共和国行政诉讼法〉的解释》（法释〔2018〕1号）第十六条第一款和第二款规定，股份制企业的股东大会、股东会、董事会等认为行政机关作出的行政行为侵犯企业经营自主权的，可以企业名义提起诉讼。联营企业、中外合资或者合作企业的联营、合资、合作各方，认为联营、合资、合作企业权益或者自己一方合法权益受行政行为侵害的，可以自己的名义提起诉讼。根据上述法律规定，外方投资者和企业都可以以自己的名义提起行政诉讼。因此，选项A、B的说法正确。选项C、D的情形都是应以企业名义，因此，选项C、D的说法错误。

综上，本题答案为：A、B。

67. 根据《行政诉讼法》及相关规定，关于举证责任，下列说法正确的是？

　　A. 被告对作出的行政行为负有举证责任，应当提供作出该行政行为的证据，不需要提供所依据的规范性文件

　　B. 被告对作出的行政行为负有举证责任，应当提供作出该行政行为的证据和所依据的规范性文件

　　C. 原告可以提供证明行政行为违法的证据，原告提供的证据不成立的，免除被告的举证责任

　　D. 原告可以提供证明行政行为违法的证据，原告提供的证据不成立的，不免除被告的举证责任

【答案】B D

【知识点】行政诉讼的举证责任

【解析】《行政诉讼法》第三十四条第一款规定，被告对作出的行政行为负有举证责任，应当提供作出该行政行为的证据和所依据的规范性文件。因此，选项A的说法错误，选项B的说法正确。《行政诉讼法》第三十七条规定，原告可以提供证明行政行为违法的证据。原告提供的证据不成立的，不免除被告的举证责任。因此，选项C的说法错误，选项D的说法正确。

综上，本题答案为：B、D。

68. 张某不服某市税务局作出的行政处罚决定，起诉至人民法院，根据《行政诉讼法》及相关规定，下列说法正确的是？

  A. 人民法院应当在立案之日起 5 日内，将起诉状副本发送某市税务局

  B. 该市税务局应当在收到起诉状副本之日起 15 日内人民法院提交作出行政行为的证据和所依据的规范性文件

  C. 如果该市税务局不提交答辩状的，不影响人民法院审理

  D. 合议庭可以全部由审判员组成，也可以由审判员、陪审员组成，或者全部由陪审员组成

【答案】A B C

【知识点】行政诉讼第一审程序

【解析】《行政诉讼法》第六十七条规定，人民法院应当在立案之日起五日内，将起诉状副本发送被告。被告应当在收到起诉状副本之日起十五日内向人民法院提交作出行政行为的证据和所依据的规范性文件，并提出答辩状。人民法院应当在收到答辩状之日起五日内，将答辩状副本发送原告。被告不提出答辩状的，不影响人民法院审理。因此，选项 A、B、C 的说法正确。《行政诉讼法》第六十八条规定，人民法院审理行政案件，由审判员组成合议庭，或者由审判员、陪审员组成合议庭。合议庭的成员，应当是三人以上的单数。根据上述法律规定，合议庭不能全部由陪审员组成，因此，选项 D 的说法错误。

  综上，本题答案为：A、B、C。

69. 根据《行政诉讼法》及相关规定，有关法院判决变更，下列说法正确的是？

  A. 行政处罚明显不当，法院可以判决变更

  B. 涉及对款额的确定确有错误的行政行为，法院可以判决变更

  C. 法院判决变更后，通常不得加重原告的义务

  D. 法院判决变更后，通常不得减损原告的权益

【答案】A B C D

【知识点】变更判决

【解析】《行政诉讼法》第七十七条规定，行政处罚明显不当，或者其他行政行为涉及对款额的确定、认定确有错误的，人民法院可以判决变更。人民法院判决变更，不得加重原告的义务或者减损原告的权益。但利害关系人同为原告，且诉讼请求相反的除外。实践中涉及利害关系人同为原告且诉讼请求相反的情形较为特殊，因此通常不得加重原告义务和不得减损原告权益的说法是正确的。因此，选项 A、B、C、D 的说法正确。

  综上，本题答案为：A、B、C、D。

70. 根据《行政诉讼法》及相关规定，下列哪些情况，法院应判决确认违法但不撤销行政行为？

  A. 行政行为依法应当撤销，但撤销会给国家利益、社会公共利益造成重大损害的

B. 行政行为程序轻微违法，但对原告权利不产生实际影响的

C. 被告改变原违法行政行为，原告仍要求确认原行政行为违法的

D. 行政行为违法，但不具有可撤销内容的

【答案】A B C D

【知识点】确认违法判决

【解析】《行政诉讼法》第七十四条规定，行政行为有下列情形之一的，人民法院判决确认违法，但不撤销行政行为：（一）行政行为依法应当撤销，但撤销会给国家利益、社会公共利益造成重大损害的；（二）行政行为程序轻微违法，但对原告权利不产生实际影响的。行政行为有下列情形之一，不需要撤销或者判决履行的，人民法院判决确认违法：（一）行政行为违法，但不具有可撤销内容的；（二）被告改变原违法行政行为，原告仍要求确认原行政行为违法的；（三）被告不履行或者拖延履行法定职责，判决履行没有意义的。因此，选项A、B、C、D的说法正确。

综上，本题答案为：A、B、C、D。

71. 根据《行政诉讼法》及相关规定，关于法院审理上诉案件，下列说法正确的是？

   A. 原审判决遗漏当事人，第二审法院应裁定撤销原判决，发回原审人民法院重审

   B. 原审判决违法缺席判决，第二审法院应裁定撤销原判决，发回原审人民法院重审

   C. 原审判决遗漏行政赔偿请求，第二审法院应裁定撤销原判决，发回原审人民法院重审

   D. 原审判决中应当回避的审判人员未回避的，第二审法院应裁定撤销原判决，发回原审人民法院重审

【答案】A B D

【知识点】行政诉讼第二审程序

【解析】《行政诉讼法》第八十九条第一款规定，人民法院审理上诉案件，按照下列情形，分别处理：（一）原判决、裁定认定事实清楚，适用法律、法规正确的，判决或者裁定驳回上诉，维持原判决、裁定；（二）原判决、裁定认定事实错误或者适用法律、法规错误的，依法改判、撤销或者变更；（三）原判决认定基本事实不清、证据不足的，发回原审人民法院重审，或者查清事实后改判；（四）原判决遗漏当事人或者违法缺席判决等严重违反法定程序的，裁定撤销原判决，发回原审人民法院重审。选项A、B属于上述法条第（四）项严重违法法定程序的情形，选项D中应当回避的审判人员未回避的也属于严重违反法定程序的情形，应当撤销原审判决，发回原审人民法院重审，因此选项A、B、D的说法正确。《最高人民法院关于适用〈中华人民共和国行政诉讼法〉的解释》（法释〔2018〕1号）第一百零九条第四款和第五款规定，原审判决遗漏行政赔偿请求，第二审人民法院经审查认为依法不应当予以赔偿的，应当判决驳回行政赔偿请求。原审判决遗漏行政赔偿请求，第二审人民法院经审理认为依法应当予以赔偿的，在确认被诉行政行为违法的同时，可以就行政赔偿问题进行调解；调解不成的，应当就行政赔偿部分发回重审。因此，遗漏行政赔偿请求的，不是一定发回原审法院重审，因此选项C的说法错误。

综上，本题答案为：A、B、D。

72. 根据《著作权法》及相关规定，下列有关作品的说法正确的是？
    A. 作品应当具有独创性并能以某种有形形式复制
    B. 文字作品，是指小说、诗词、散文、论文等以文字形式表现的作品
    C. 反映地理现象、说明事物原理或者结构的地图属于美术作品
    D. 为展示、试验或者观测等用途，根据物体的形状和结构按照一定比例制成的模型属于作品

【答案】A B D
【知识点】作品的概念
【解析】《著作权法实施条例》第二条规定，《著作权法》所称作品，是指文学、艺术和科学领域内具有独创性并能以某种有形形式复制的智力成果。因此选项A的说法正确。《著作权法实施条例》第四条规定，《著作权法》和该条例中下列作品的含义：（一）文字作品，是指小说、诗词、散文、论文等以文字形式表现的作品；……（八）美术作品，是指绘画、书法、雕塑等以线条、色彩或者其他方式构成的有审美意义的平面或者立体的造型艺术作品；……（十二）图形作品，是指为施工、生产绘制的工程设计图、产品设计图，以及反映地理现象、说明事物原理或者结构的地图、示意图等作品；（十三）模型作品，是指为展示、试验或者观测等用途，根据物体的形状和结构，按照一定比例制成的立体作品。选项B属于第（一）项的文字作品，因此选项B的说法正确。反映地理现象、说明事物原理或者结构的地图属于第（十二）项的图形作品，而非美术作品，因此选项C的说法错误。选项D属于第（十三）项的模型作品，因此选项D的说法正确。

综上，本题答案为：A、B、D。

73. 著名书法家赵某将其创作的一幅书法作品赠送给某学校。根据《著作权法》及相关规定，下列说法正确的是？
    A. 该学校获得该书法作品的所有权
    B. 该学校获得该书法作品的著作权
    C. 该学校获得该书法作品的展览权
    D. 该书法作品的全部著作权归作者赵某享有

【答案】A C
【知识点】原件所有权转移的作品著作权归属
【解析】《民法通则》第七十二条第二款规定，按照合同或者其他合法方式取得财产的，财产所有权从财产交付时起转移，法律另有规定或者当事人另有约定的除外。本题中，因该书法家的赠与行为，学校获得该书法作品的所有权，因此，选项A的说法正确。《著作权法》第十八条规定，美术等作品原件所有权的转移，不视为作品著作权的转移，但美术作品原件的展览权由原件所有人享有。因此，著作权中的展览权应由作品所有人学校享有，除展览权外的著作权应属于作者赵某，故选项C的说法正确，选项B、D的说法错误。

综上，本题答案为：A、C。

74.王某将画家张某赠送给自己的20幅绘画作品，署名王某自己送出版社出版，取得10万元稿酬。王某的行为侵犯了张某的下列哪些权利?

　　A.张某对其作品的财产所有权　　B.张某对其作品的发行权
　　C.张某对其作品的署名权　　　　D.张某对其作品的复制权

【答案】BCD

【知识点】著作人身权、财产权

【解析】《著作权法》第十条第一款规定，著作权包括下列人身权和财产权：（一）发表权，即决定作品是否公之于众的权利；（二）署名权，即表明作者身份，在作品上署名的权利；（三）修改权，即修改或者授权他人修改作品的权利；（四）保护作品完整权，即保护作品不受歪曲、篡改的权利；（五）复制权，即以印刷、复印、拓印、录音、录像、翻录、翻拍等方式将作品制作一份或者多份的权利；（六）发行权，即以出售或者赠与方式向公众提供作品的原件或者复制件的权利；……。《著作权法》第十八条规定，美术等作品原件所有权的转移，不视为作品著作权的转移，但美术作品原件的展览权由原件所有人享有。张某将绘画作品赠与王某，王某获得上述作品的所有权，但王某只享有著作权中的展览权，不享有全部著作权。故王某将作品署名自己出版，并获得报酬的行为侵犯了张某的发行权、署名权、复制权。因此，选项B、C、D的说法正确。

综上，本题答案为：B、C、D。

75.某网络公司未经许可将张某刚刚创作完成的一幅绘画作品放到其网站上，供在线浏览和下载。根据《著作权法》及相关规定，该网络公司的行为侵犯了张某的下列哪些权利?

　　A.发表权　　B.表演权　　C.广播权　　D.信息网络传播权

【答案】AD

【知识点】著作权的内容

【解析】《著作权法》第十条第一款规定，著作权包括下列人身权和财产权：（一）发表权，即决定作品是否公之于众的权利；（二）署名权，即表明作者身份，在作品上署名的权利；……（十二）信息网络传播权，即以有限或者无线方式向公众提供作品，使公众可以在其个人选定的时间和地点获得作品的权利；……。张某的作品创作完成后，张某有权决定其绘画作品是否公之于众，或是以什么方式公之于众，因此网站未经张某许可将其作品上传到网站的行为侵犯了张某的发表权和信息网络传播权，选项A、D的说法正确。

综上，本题答案为：A、D。

76.根据《著作权法》的规定，关于国家机关为执行公务在合理范围内使用已经发表的作品，下列说法正确的是?

　　A.可以不经著作权人许可　　B.应当向著作权人支付报酬

C. 可以不向著作权人支付报酬　　D. 应当指明作者姓名、作品名称

【答案】A C D

【知识点】作品的合理使用

【解析】合理使用是指为了个人学习、研究或欣赏目的，或者为了教学、科研或公共利益的目的，在不征求著作权人同意、不支付报酬的情况下使用他人已经发表的作品。根据《著作权法》第二十二条的规定，国家机关为执行公务在合理范围内使用已经发表的作品，可以不经著作权人许可，不向其支付报酬，但应当指明作者姓名、作品名称，并且不得侵犯著作权人依照《著作权法》享有的其他权利。因此，选项A、C、D的说法正确。

综上，本题答案为：A、C、D。

77. 王某拍摄了一系列自然风光照片，授权某图书出版社在国内出版该摄影集。根据《著作权法》及相关规定，下列说法正确的是？

A. 出版过程中，该出版社对该系列照片的再处理应当经王某许可

B. 出版过程中，该出版社如果想删除该系列照片中的某些照片，应当经王某同意

C. 该图书的版式设计完成50年内，该出版社有权禁止他人使用其出版的版式设计

D. 该图书首次出版后10年内，该出版社有权禁止他人使用其出版的该图书的版式设计

【答案】A B D

【知识点】出版者的权利和义务

【解析】《著作权法》第三十四条第一款规定，图书出版者经作者许可，可以对作品修改、删节。因此，该出版社对作品内容等方面的修改需经作者同意，选项A、B的说法正确。《著作权法》第三十六条规定，出版者有权许可或者禁止他人使用其出版的图书、期刊的版式设计。前款规定的权利的保护期为十年，截止于使用该版式设计的图书、期刊首次出版后第十年的12月31日。因此，选项C的说法错误，选项D的说法正确。

综上，本题答案为：A、B、D。

78. 根据《著作权法》及相关规定，关于广播电台电视台播放者的权利义务，下列哪些说法是正确的？

A. 广播电台播放他人未发表的作品，应当取得著作权人许可，并支付报酬

B. 广播电台播放他人未发表的作品，应当取得著作权人许可，但无须支付报酬

C. 电视台播放他人已发表的作品，可以不经著作权人许可，但应当支付报酬

D. 电视台播放他人的录像制品，可以不经著作权人许可，但应当支付报酬

【答案】A C

【知识点】广播电台电视台播放者的权利义务

【解析】《著作权法》第四十三条第一款规定，广播电台、电视台播放他人未发表的作品，应当取得著作权人许可，并支付报酬。因此，选项A的说法正确，选项B的说法错误。该条第二款规定，广播电台、电视台播放他人已发表的作品，可以不经著作权人许可，但应

当支付报酬。因此，选项C的说法正确。根据《著作权法》第四十六条的规定，电视台播放他人的录像制品，应当取得著作权人许可，并支付报酬。因此，选项D的说法错误。

综上，本题答案为：A、C。

79. 根据《著作权法》及相关规定，下列关于著作权纠纷解决途径的说法正确的是？
    A. 著作权纠纷人民法院不能进行调解
    B. 当事人之间可以自行调解
    C. 当事人可以根据著作权合同中的仲裁条款向仲裁机构申请仲裁
    D. 当事人没有书面仲裁协议，也没有在著作权合同中订立仲裁条款的，可以直接向人民法院起诉

【答案】BCD

【知识点】著作权纠纷的解决途径

【解析】《著作权法》第五十五条规定，著作权纠纷可以调解，也可以根据当事人达成的书面仲裁协议或者著作权合同中的仲裁条款，向仲裁机构申请仲裁。当事人没有书面仲裁协议，也没有在著作权合同中订立仲裁条款的，可以直接向人民法院起诉。著作权纠纷人民法院可以调解，因此，选项A的说法错误。当事人可以自行调解，也可以申请仲裁或提起诉讼，因此，选项B、C、D的说法正确。

综上，本题答案为：B、C、D。

80. 根据《计算机软件保护条例》的规定，受该条例保护的计算机软件应当符合下列哪些条件？
    A. 已办理计算机软件著作权登记
    B. 由开发者独立开发
    C. 已被固定在某种有形物体上
    D. 属于可以完成一定功能的软件

【答案】BC

【知识点】计算机软件受保护的条件

【解析】《计算机软件保护条例》第四条规定，受该条例保护的软件必须由开发者独立开发，并已固定在某种有形物体上。可见，计算机软件只需要符合由开发者独立开发和已固定在某种有形物体上这两个条件即可受到《计算机软件保护条例》的保护。因此，选项B、C的说法正确。

综上，本题答案为：B、C。

81. 根据《商标法》及相关规定，下列哪些商标不能在我国获准注册？
    A. 单一颜色商标
    B. 立体商标
    C. 位置商标
    D. 声音商标

【答案】AC

【知识点】注册商标的概念和组成要素

【解析】《商标法》第八条规定,任何能够将自然人、法人或者其他组织的商品与他人的商品区别开的标志,包括文字、图形、字母、数字、三维标志、颜色组合和声音等,以及上述要素的组合,均可以作为商标申请注册。单一颜色商标和位置商标不属于第八条规定的内容,因此,选项A、C中的商标不能获准注册。

综上,本题答案为:A、C。

82. 根据《商标法》及相关规定,下列哪种情形的商标注册申请应当予以驳回?
   A. 申请注册的标志用作商标易产生不良影响的
   B. 申请注册的标志不具有显著特征的
   C. 申请注册的标志同他人在类似商品上已经注册的商标相同或者近似的
   D. 未缴纳商标申请费用的

【答案】A B C

【知识点】商标注册的审查

【解析】《商标法》第十条第一款规定,下列标志不得作为商标使用:……(八)有害于社会主义道德风尚或者有其他不良影响的。因此,选项A的说法正确。《商标法》第十一条规定,下列标志不得作为商标注册:(一)仅有本商品的通用名称、图形、型号的;(二)仅直接表示商品的质量、主要原料、功能、用途、重量、数量及其他特点的;(三)其他缺乏显著特征的。前款所列标志经过使用取得显著特征,并便于识别的,可以作为商标注册。因此,选项B的说法正确。《商标法》第三十条规定,申请注册的商标,凡不符合该法有关规定或者同他人在同一种商品或者类似商品上已经注册的或者初步审定的商标相同或者近似的,由商标局驳回申请,不予公告。因此,选项C的说法正确。《商标法实施条例》第十八条第二款中规定,商标注册申请手续齐备、按照规定填写申请文件并缴纳费用的,商标局予以受理并书面通知申请人;申请手续不齐备、未按照规定填写申请文件或者未缴纳费用的,商标局不予受理,书面通知申请人并说明理由。因此未缴纳商标申请费用不属于驳回的情形,选项D的说法错误。

综上,本题答案为:A、B、C。

83. 根据《商标法》及相关规定,以中国为原属国申请商标国际注册的,应当至少符合以下哪个条件?
   A. 在中国设有真实有效的营业所   B. 在中国有住所
   C. 拥有中国国籍   D. 必须同时符合以上所有条件

【答案】A B C

【知识点】商标国际注册

【解析】《商标法实施条例》第三十五条规定,以中国为原属国申请商标国际注册的,应当在中国设有真实有效的营业所,或者在中国有住所,或者拥有中国国籍。上述三个条件择一即可,无须同时满足,因此,选项D的说法错误。

综上，本题答案为：A、B、C。

84. 根据《商标法》相关规定，商标注册人可以在其商品上标明以下哪些内容表示其已经注册？

  A."注册商标"   B."国家知识产权局"
  C.®   D.©

【答案】A C

【知识点】标明"注册商标"或者注册标记的权利

【解析】《商标法实施条例》第六十三条规定，使用注册商标，可以在商品、商品包装、说明书或者其他附着物上标明"注册商标"或者注册标记。注册标记包括注和®。使用注册标记，应当标注在商标的右上角或者右下角。因此，选项A、C的说法正确。

综上，本题答案为：A、C。

85. 根据《商标法》及相关规定，商标注册人可以通过签订商标使用许可合同，许可他人使用其注册商标。这里规定的商标使用许可包括哪些类型？

  A.分割使用许可   B.独占使用许可
  C.排他使用许可   D.普通使用许可

【答案】B C D

【知识点】使用许可

【解析】《最高人民法院关于审理商标民事纠纷案件适用法律若干问题的解释》（法释〔2002〕32号）第三条规定，《商标法》第四十条规定的商标使用许可包括以下三类：（一）独占使用许可，是指商标注册人在约定的期间、地域和以约定的方式，将该注册商标仅许可一个被许可人使用，商标注册人依约定不得使用该注册商标；（二）排他使用许可，是指商标注册人在约定的期间、地域和以约定的方式，将该注册商标仅许可一个被许可人使用，商标注册人依约定可以使用该注册商标但不得另行许可他人使用该注册商标；（三）普通使用许可，是指商标注册人在约定的期间、地域和以约定的方式，许可他人使用其注册商标，并可自行使用该注册商标和许可他人使用其注册商标。因此，选项B、C、D属于法律规定的三类商标使用许可类型。

综上，本题答案为：B、C、D。

86. 根据《商标法》及相关规定，宣告注册商标无效的决定或者裁定，对哪些法律文书不具有追溯力？

  A.对宣告无效前人民法院作出并执行的商标侵权案件的判决不具有追溯力
  B.对宣告无效前人民法院作出并执行的商标侵权案件的调解书不具有追溯力
  C.对已经具备履行条件的使用许可合同不具有追溯力
  D.对已经履行的商标转让合同不具有追溯力

【答案】ＡＢＤ

【知识点】商标无效的法律效力

【解析】《商标法》第四十七条第二款规定，宣告注册商标无效的决定或者裁定，对宣告无效前人民法院做出并已执行的商标侵权案件的判决、裁定、调解书和工商行政管理部门做出并已执行的商标侵权案件的处理决定以及已经履行的商标转让或者使用许可合同不具有追溯力。但是，因商标注册人的恶意给他人造成的损失，应当给予赔偿。选项A、B中的判决、调解书均已执行，选项D中的合同已经履行，宣告注册商标无效的决定或者裁定对其都不具有追溯力，因此，选项A、B、D的说法正确。对具备履行条件但未履行的使用许可合同具有追溯力，因此，选项C的说法错误。

综上，本题答案为：A、B、D。

87. 根据《商标法》及相关规定，下列关于注册商标专用权的说法正确的是？

　　A. 注册商标中含有的地名，注册商标专用权人无权禁止他人正当使用

　　B. 注册商标的专用权，以核准注册的商标和核定使用的商品为限

　　C. 侵犯注册商标专用权的赔偿数额应当包括权利人为制止侵权行为所支付的合理开支

　　D. 商标注册人申请商标注册前，他人已经在同一种商品上先于商标注册人使用与注册商标相同的商标的，注册商标专用权人可以禁止该使用人继续使用该商标

【答案】ＡＢＣ

【知识点】注册商标专用权

【解析】《商标法》第五十九条第一款和第三款规定，注册商标中含有的本商品的通用名称、图形、型号，或者直接表示商品的质量、主要原料、功能、用途、重量、数量及其他特点，或者含有的地名，注册商标专用权人无权禁止他人正当使用。商标注册人申请商标注册前，他人已经在同一种商品或者类似商品上先于商标注册人使用与注册商标相同或者近似并有一定影响的商标的，注册商标专用权人无权禁止该使用人在原使用范围内继续使用该商标，但可以要求其附加适当区别标识。因此，选项A的说法正确，选项D的说法错误。《商标法》第五十六条规定，注册商标的专用权，以核准注册的商标和核定使用的商品为限。因此，选项B的说法正确。《商标法》第六十三条第一款规定，侵犯商标专用权的赔偿数额，按照权利人因被侵权所受到的实际损失确定；实际损失难以确定的，可以按照侵权人因侵权所获得的利益确定；权利人的损失或者侵权人获得的利益难以确定的，参照该商标许可使用费的倍数合理确定。对恶意侵犯商标专用权，情节严重的，可以在按照上述方法确定数额的一倍以上五倍以下确定赔偿数额。赔偿数额应当包括权利人为制止侵权行为所支付的合理开支。因此，选项C的说法正确。

综上，本题答案为：A、B、C。

88. 根据《商标法》及相关规定，因侵犯注册商标专用权引起纠纷的，商标注册人或者利害关系人可以向人民法院起诉。这里规定的利害关系人包括下列哪些？

A. 注册商标使用许可合同的被许可人
B. 商标注册人的子公司
C. 注册商标财产权利的合法继承人
D. 与商标注册人有密切关系的其他经营者

【答案】A C

【知识点】侵权纠纷的解决途径

【解析】《最高人民法院关于审理商标民事纠纷案件适用法律若干问题的解释》（法释〔2002〕32号）第四条第一款规定，《商标法》第五十三条规定的利害关系人，包括注册商标使用许可合同的被许可人、注册商标财产权利的合法继承人等。因此，选项A、C的说法正确。

综上，本题答案为：A、C。

89. 根据《商标法》及相关规定，下列哪些属于人民法院可以受理的商标案件？
A. 商标专用权权属纠纷案件　　B. 商标专用权转让合同纠纷案件
C. 商标许可使用合同纠纷案件　　D. 商标局作出不予注册决定

【答案】A B C

【知识点】人民法院商标案件的受理范围

【解析】《最高人民法院关于审理商标案件有关管辖和法律适用范围问题的解释》（法释〔2002〕1号）第一条规定，人民法院受理以下商标案件：1. 不服国务院工商行政管理部门商标评审委员会（以下简称商标评审委员会）作出的复审决定或者裁定的案件；2. 不服工商行政管理部门作出的有关商标的具体行政行为的案件；3. 商标专用权权属纠纷案件；4. 侵犯商标专用权纠纷案件；5. 商标专用权转让合同纠纷案件；6. 商标许可使用合同纠纷案件；7. 申请诉前停止侵犯商标专用权案件；8. 申请诉前财产保全案件；9. 申请诉前证据保全案件；10. 其他商标案件。因此，选项A、B、C属于人民法院受理的案件。《商标法》第三十五条第三款中规定，商标局作出不予注册决定，被异议人不服的，可以自收到通知之日起十五日内向商标评审委员会申请复审。选项D需申请复审，不属于法院受理范围。

综上，本题答案为：A、B、C。

90. 根据《商标法》及相关规定，销售不知道是侵犯注册商标专用权的商品，能证明该商品是自己合法取得并说明提供者的，不承担赔偿责任。下列哪些情形属于能证明该商品是自己合法取得的情形？
A. 有供货单位合法签章的供货清单和货款收据且经查证属实的
B. 有供销双方签订的进货合同且经查证已经真实履行的
C. 有合法进货发票且发票记载事项与涉案商品对应的
D. 以上都是

【答案】A B C D

【知识点】注册商标专用权的保护 合法取得

【解析】《商标法实施条例》第七十九条规定，下列情形属于《商标法》第六十条规定的能证明该商品是自己合法取得的情形：（一）有供货单位合法签章的供货清单和货款收据且经查证属实的或者供货单位认可的；（二）有供销双方签订的进货合同且经查证已经真实履行的；（三）有合法进货发票且发票记载事项与涉案商品对应的；（四）其他能够证明合法取得涉案商品的情形。因此，选项A、B、C、D的说法正确。

综上，本题答案为：A、B、C、D。

91. 根据《商标法》及相关规定，关于驰名商标说法正确的是？
   A. 对未在中国注册的驰名商标，在相同或者类似商品上予以保护
   B. 对已在中国注册的驰名商标，在不相同或者不相类似商品上予以跨类保护
   C. 驰名商标所有人基于相对理由对恶意注册的商标请求宣告无效的申请，其不受五年的时间限制
   D. 经营者可以将"驰名商标"字样用于广告宣传

【答案】A B C

【知识点】对驰名商标的特殊保护

【解析】《商标法》第十三条规定，为相关公众所熟知的商标，持有人认为其权利受到侵害时，可以依照该法规定请求驰名商标保护。就相同或者类似商品申请注册的商标是复制、摹仿或者翻译他人未在中国注册的驰名商标，容易导致混淆的，不予注册并禁止使用。就不相同或者不相类似商品申请注册的商标是复制、摹仿或者翻译他人已经在中国注册的驰名商标，误导公众，致使该驰名商标注册人的利益可能受到损害的，不予注册并禁止使用。因此，选项A、B的说法正确。《商标法》第四十五条规定，已经注册的商标，违反该法第十三条第二款和第三款、第十五条、第十六条第一款、第三十条、第三十一条、第三十二条规定的，自商标注册之日起五年内，在先权利人或者利害关系人可以请求商标评审委员会宣告该注册商标无效。对恶意注册的，驰名商标所有人不受五年的时间限制。因此，选项C的说法正确。《商标法》第十四条第五款规定，生产、经营者不得将"驰名商标"字样用于商品、商品包装或者容器上，或者用于广告宣传、展览以及其他商业活动中。因此，选项D的说法错误。

综上，本题的正确答案为：A、B、C。

92. 根据《最高人民法院关于审理不正当竞争民事案件应用法律若干问题的解释》，关于商业秘密的"不为公众所知悉"性质的判断，以下说法正确的是？
   A. 若有关信息不为其所属领域的相关人员普遍知悉和容易获得，应当认定为"不为公众所知悉"
   B. 如有关信息为其所属技术或者经济领域的人的一般常识或者行业惯例，则不属于"不为公众所知悉"

C. 若有关信息虽经权利人采取保密措施，但已经在公开出版物或者其他媒体上公开披露，仍可以认定为"不为公众所知悉"

D. 若有关信息已通过公开的报告会、展览等方式公开，则不属于"不为公众所知悉"

【答案】ＡＢＤ

【知识点】商业秘密的概念

【解析】根据《最高人民法院关于审理不正当竞争民事案件应用法律若干问题的解释》（法释〔2007〕2号）第九条第一款的规定，有关信息不为其所属领域的相关人员普遍知悉和容易获得，应当认定为"不为公众所知悉"。该司法解释第九条第二款规定，具有下列情形之一的，可以认定有关信息不构成不为公众所知悉：（一）该信息为其所属技术或者经济领域的人的一般常识或者行业惯例；（二）该信息仅涉及产品的尺寸、结构、材料、部件的简单组合等内容，进入市场后相关公众通过观察产品即可直接获得；（三）该信息已经在公开出版物或者其他媒体上公开披露；（四）该信息已通过公开的报告会、展览等方式公开；（五）该信息从其他公开渠道可以获得；（六）该信息无需付出一定的代价而容易获得。因此，选项A、B、D的说法正确。选项C中虽采取保密措施但有关信息已经在公开出版物或者其他媒体上公开披露，已丧失保密性，已被公众了解，因此不属于"不为公众所知悉"，因此，选项C的说法错误。

综上，本题答案为：A、B、D。

93. 甲公司的饮料配方是甲公司核心商业秘密，甲公司员工秘密窃取该饮料配方后，与甲公司竞争对手乙公司联系，乙公司以高薪聘请该员工，使用其提供的甲公司饮料配方开展生产，获取高额利润。下面说法正确的是？

A. 该员工侵犯了甲公司商业秘密

B. 该员工未侵犯甲公司商业秘密

C. 乙公司的行为视为侵犯商业秘密行为

D. 乙公司未直接窃取甲公司饮料配方，有雇佣员工的自由，乙公司行为不视为侵犯商业秘密行为

【答案】ＡＣ

【知识点】侵犯商业秘密的行为

【解析】《反不正当竞争法》第九条第一款列举了若干侵犯商业秘密的表现形式，其中形式之一是，以盗窃、贿赂、欺诈、胁迫、电子侵入或者其他不正当手段获取权利人的商业秘密。因此，该员工行为构成侵犯商业秘密，选项A的说法正确，选项B的说法错误。《反不正当竞争法》第九条第三款规定，第三人明知或者应知商业秘密权利人的员工、前员工或者其他单位、个人实施该条第一款所列违法行为，仍获取、披露、使用或者允许他人使用该商业秘密的，视为侵犯商业秘密。因此，乙公司的行为视为侵犯商业秘密行为，选项C的说法正确，选项D的说法错误。

综上，本题答案为：A、C。

94. 根据《集成电路布图设计保护条例》及相关规定，布图设计权利人享有下列哪些专有权？

  A. 将受保护的布图设计投入商业利用

  B. 将含有该集成电路的物品投入商业利用

  C. 对受保护的布图设计的全部进行复制

  D. 对受保护的布图设计的任何具有独创性的部分进行复制

【答案】A B C D

【知识点】集成电路布图设计专有权的内容

【解析】《集成电路布图设计保护条例》第七条规定，布图设计权利人享有下列专有权：（一）对受保护的布图设计的全部或者其中任何具有独创性的部分进行复制；（二）将受保护的布图设计、含有该布图设计的集成电路或者含有该集成电路的物品投入商业利用。因此，选项A、B、C、D的说法正确。

  综上，本题答案为：A、B、C、D。

95. 根据《植物新品种保护条例》及相关规定，关于植物新品种权的无效，下列说法正确的是？

  A. 请求宣告品种权无效的期限为自公告授予品种权之日起6个月后

  B. 对于不具备一致性的植物新品种，植物新品种复审委员会可以依据职权宣告品种权无效

  C. 对于不具备稳定性的植物新品种，植物新品种复审委员会可以依据任何单位或个人的书面请求宣告品种权无效

  D. 品种权人对于宣告其品种权无效的决定不服的，可以向人民法院起诉

【答案】B C D

【知识点】品种权的无效

【解析】《植物新品种保护条例》第三十七条规定，自审批机关公告授予品种权之日起，植物新品种复审委员会可以依据职权或者依据任何单位或者个人的书面请求，对不符合该条例第十四条、第十五条、第十六条（一致性）和第十七条（稳定性）规定的，宣告品种权无效；对不符合该条例第十八条规定的，予以更名。宣告品种权无效或者更名的决定，由审批机关登记和公告，并通知当事人。对植物新品种复审委员会的决定不服的，可以自收到通知之日起3个月内向人民法院提起诉讼。因此，选项B、C、D的说法正确。请求宣告品种权无效并无期限限制，因此，选项A的说法错误。

  综上，本题答案为：B、C、D。

96. 根据《保护工业产权巴黎公约》的规定，成员国国民就其在本国提出的下列哪些首次申请，又在其他成员国提出申请时，可以享有优先权？

A. 商标　　　　B. 厂商名称　　　　C. 外观设计　　　　D. 发明人证书

【答案】ACD

【知识点】优先权

【解析】《保护工业产权巴黎公约》第四条规定，A.（1）已经在本联盟的一个国家正式提出专利、实用新型注册、外观设计注册或商标注册的申请的任何人，或其权利继受人，为了在其他国家提出申请，在以下规定的期间内应享有优先权。……I.（1）在申请人有权自行选择申请专利或发明人证书的国家提出发明人证书的申请，应产生本条规定的优先权，其条件和效力与专利的申请一样。……因此，选项A、C、D的说法正确。

综上，本题答案为：A、C、D。

97. 根据《与贸易有关的知识产权协定》的规定，下列说法正确的是？

A. 专利权的保护期限为自授予专利权之日起20年

B. 如果一项发明的商业性实施会导致对环境的严重损害，各成员可以不授予专利权

C. 各成员因未缴纳专利年费而撤销专利的决定可以不提供司法审查的机会

D. 各成员可以要求专利申请人提供关于其相应的外国申请和授予专利的信息

【答案】BD

【知识点】《与贸易有关的知识产权协定》专利权

【解析】根据《与贸易有关的知识产权协定》第三十三条的规定，专利可享有的保护期间，自申请提交之日起计算20年期间届满以前不应终止。保护期自申请日而非授权日起算，因此，选项A的说法错误。该协定第二十七条规定，各成员为了保护公共秩序或道德，包括保护人、动物或植物的生命或健康，或者为了避免对环境造成严重损害，有必要制止某些发明在其领土内进行商业上实施的，可以将这些发明排除在可享专利性以外，但是以这种除外并非仅仅因为法律禁止实施为限。因此，选项B的说法正确。该协定第三十二条规定，对撤销或取消专利的任何决定，均应提供司法审查的机会。因此，选项C的说法错误。该协定第二十九条规定，各成员可以要求专利申请人提供关于其相应的外国申请和授予专利的信息。因此，选项D的说法正确。

综上，本题答案为：B、D。

98. 根据《与贸易有关的知识产权协定》的规定，下列哪些属于该协定列举的可能构成知识产权滥用的情形？

A. 排他性的返授条件

B. 制止对知识产权有效性提出质疑的条件

C. 强迫性的一揽子授予许可

D. 禁止被许可方将专利产品出口至许可方享有专利的另一成员境内

【答案】ABC

【知识点】知识产权滥用

【解析】根据《与贸易有关的知识产权协定》第四十条的规定，该协定的任何规定并不阻止成员在其立法中具体说明在特定情况下可能构成对知识产权的滥用、在有关市场上对竞争有不利影响的许可做法或条件。如上文所规定，成员可以在与该协定其他规定相符的情况下，依据该成员的有关法律和条例，采取适当措施制止或控制这类做法，其中可以包括，例如，排他性的返授条件、禁止对知识产权有效性提出质疑的条件以及强迫性的一揽子授予许可。因此，选项A、B、C说法正确。

综上，本题答案为：A、B、C。

99. 根据《与贸易有关的知识产权协定》的规定，下列说法正确的是？
   A. 成员必须利用专利制度对植物新品种给予保护
   B. 成员可以利用专利制度以外的有效的专门制度对植物新品种给予保护
   C. 成员可以将专利制度和其他有效的专门制度相结合对植物新品种给予保护
   D. 成员必须利用不同于专利制度的有效的专门制度对植物新品种给予保护

【答案】 B C

【知识点】 植物新品种的保护

【解析】根据《与贸易有关的知识产权协定》第二十七条的规定，各成员应当规定依专利或依有效的特别制度，或依二者的结合，保护植物的品种。因此，只利用专利制度或只利用不同于专利制度的专门制度的说法均不正确，选项B、C的说法正确。

综上，本题答案为：B、C。

100. 下列关于《保护工业产权巴黎公约》和《与贸易有关的知识产权协定》的说法正确的是？
   A. 两者都规定了国民待遇原则 B. 两者都规定了最惠国待遇原则
   C. 两者都规定了透明度原则   D. 两者都规定了防止权利滥用的原则

【答案】 A D

【知识点】 国际条约基本原则

【解析】《保护工业产权巴黎公约》第二条规定了国民待遇，第五条规定了强制许可和防止滥用。《与贸易有关的知识产权协定》第三条规定了国民待遇，第八条和第四十条分别规定了防止权利滥用。因此，二者都规定了国民待遇和防止权利滥用的原则，选项A、D的说法正确。

综上，本题答案为：A、D。

专利代理实务

2019 年专利代理师资格考试

专利代理实务考试试卷

国家知识产权局
专利代理师考试委员会监制
2019 年 11 月

答题须知

1. 答题时请以现行、有效的法律和法规的规定为准。

2. 作为考试，应试者在完成题目时应当接受并仅限于本试卷所提供的事实，并且无须考虑素材的真实性、有效性问题。

3. 本专利代理实务试题包括第一题、第二题、第三题、第四题和第五题，满分150分。

应试者应当将各题答案按顺序清楚地撰写在相对应的答题区域内。

试题说明

客户 A 公司正在研发一项产品。在研发过程中，A 公司发现该产品存在侵犯 B 公司的实用新型专利的风险。为此，A 公司进行了检索并得到对比文件 1、2，拟对 B 公司的实用新型专利（下称涉案专利，即附件 1）提出无效宣告请求。在此基础上，A 公司向你所在代理机构提供了涉案专利、对比文件 1—2 和 A 公司技术人员撰写的无效宣告请求书（附件 2），以及 A 公司所研发产品的技术交底材料（附件 3）。

第一题：请你具体分析客户所撰写的无效宣告请求书中的各项无效宣告理由是否成立，并将结论和具体理由以信函的形式提交给客户。

第二题：请你根据客户提供的材料为客户撰写一份无效宣告请求书，在无效宣告请求书中要明确无效宣告请求的范围、理由和证据，要求以《专利法》及其实施细则中的有关条、款、项作为独立的无效宣告理由提出，并结合给出的材料具体说明。

第三题：请你根据 A 公司所研发产品的技术交底材料（附件 3），综合考虑附件 1 和对比文件 1—2 所反映的现有技术，为客户撰写一份发明专利申请的权利要求书。

第四题：简述你撰写的独立权利要求相对于现有技术具备新颖性和创造性的理由。

第五题：如果所撰写的权利要求书中包含两项或者两项以上的独立权利要求，请简述这些独立权利要求能够合案申请的理由；如果客户提供的技术内容涉及多项发明，应当以多份申请的方式提出，则请说明理由，并撰写另案申请的独立权利要求。

附件1（涉案专利）：

(19) 中华人民共和国国家知识产权局

(12) 实用新型专利

(45) 授权公告日　2018.06.11

(21) 申请号　201721443567.x
(22) 申请日　2017.12.12
(73) 专利权人　B公司

（其余著录项目略）

权　利　要　求　书

1. 一种压蒜器，主要由上压杆（1）和下压杆（2）构成，其特征在于，上压杆（1）和下压杆（2）活动连接，上压杆（1）靠近前端的位置设有压蒜部件（3），下压杆（2）上设有与压蒜部件（3）相对应的压筒（4），压筒（4）上端开口，压筒（4）底部设有多个出蒜孔（5）。

2. 根据权利要求1所述的压蒜器，其特征在于：上压杆（1）前端与下压杆（2）前端活动连接。

3. 根据权利要求2所述的压蒜部件，其特征在于：所述压蒜部件（3）包括压臂（31）和固定连接在压臂（31）下端的压盘（32），所述压臂（31）的上端与上压杆（1）活动连接。

4. 根据权利要求2或3所述的压蒜部件，其特征在于：所述压盘（32）上设有多个压蒜齿（33）。

说 明 书

压蒜器

[0001] 本实用新型涉及一种用于将蒜瓣压制成蒜泥的压蒜器。

[0002] 大蒜是一种常用的调味食材，在将蒜瓣制成蒜泥时，传统的方法是采用捣杆与瓦罐配合将蒜瓣捣成蒜泥。目前市面上有一种压蒜器，可较传统方法更为方便省力地获得蒜泥。该压蒜器包括上压杆1'和下压杆2'，上压杆1'的端部设有压头3'，下压杆2'的端部设有与上述压头3'相配合的压筒4'，上压杆1'和下压杆2'在中间铰接起来形成钳子的形状。使用时，将蒜瓣放在压筒4'内，用手握住压杆，便可利用杠杆原理将蒜瓣压碎。

[0003] 但是，该压蒜器用于挤压配合的压头3'和压筒4'分开的角度有限，蒜瓣较大时不易放入，而且压杆长度有限，挤压较大的蒜瓣时仍然比较费劲。

[0004] 本实用新型的目的在于提供一种压蒜器，该压蒜器具有操作方便、节省力气的特点。

[0005] 图1是现有技术的压蒜器的示意图。

[0006] 图2是本实用新型的压蒜器实施例的示意图。

[0007] 图3是本实用新型的压蒜器改进实施例的示意图。

[0008] 如图2所示，本实用新型的压蒜器主要由上压杆1和下压杆2组成，上压杆1的前端与下压杆2的前端活动连接。上压杆1靠近前端的位置设有压蒜部件3，所述压蒜部件3包括压臂31和固定连接在压臂31下端的压盘32。下压杆2靠近前端的位置设有与压蒜部件3相对应的压筒4，压筒4与下压杆2一体成型，其形状为上端开口的筒状体，压筒4底部具有多个圆形的出蒜孔5，这些出蒜孔5间隔均匀地分布在压筒4的底面上。压蒜部件3与上压杆1之间最好采用活动连接的方式，例如，上压杆1底部靠近前端的位置设有一固定支座6，压蒜部件3的压臂31通过销轴7与所述固定支座6连接。压臂31与固定支座6也可以通过其他方式活动连接，例如铆钉连接、螺栓连接等。

[0009] 上述实施例中压蒜器的压盘32的下表面为平面，在使用时，压蒜器将蒜瓣压扁后，仍有部分蒜瓣被压成饼状残留在压筒4内，即便反复施力挤压仍无法将残留的蒜瓣挤碎并排出压筒4。为进一步解决蒜瓣残留的问题，如图3所示，在压盘32的下表面上设置多个与出蒜孔5对应的压蒜齿33，所述多个压蒜齿33间隔均匀地分布在压盘32的下表面上，其横截面直径小于出蒜孔5的内径。当压盘32置入压筒4内时，压蒜齿33与出蒜孔5一一对应，从而使得挤压更加充分，提高了蒜泥的挤出效率。

[0010] 具体的操作过程如下：首先一手握持下压杆2，将上压杆1向上抬起，使得压盘32离开压筒4；之后将蒜瓣放入压筒4内，将上压杆1下压，在上压杆1向下运动的过程中，压盘32进入压筒4，对蒜瓣进行挤压，压蒜齿33将蒜泥从出蒜孔5挤出。

[0011] 虽然本实用新型同样是利用杠杆原理将蒜瓣压碎，但由于将支点的位置调整到上、下压杆的前端，本实用新型的压蒜器相比于现有的压蒜器操作更为省力，不需施加很大的握压力即可将蒜瓣压碎成蒜泥。而且，压盘32上设置多个压蒜齿33也可以进一步提高蒜泥的挤出效率。

说 明 书 附 图

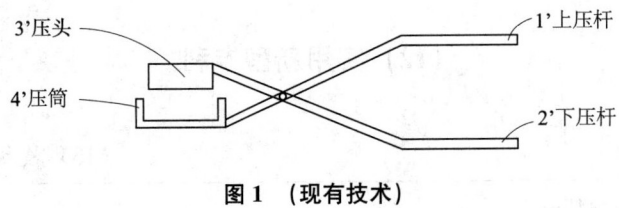

图 1 （现有技术）

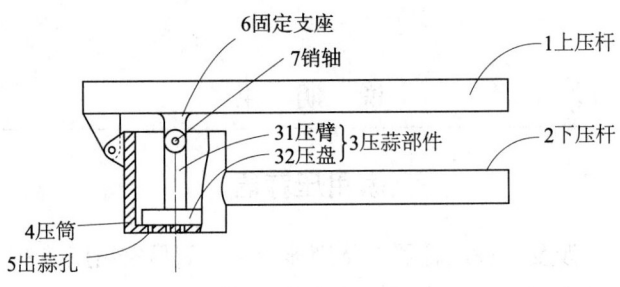

图 2

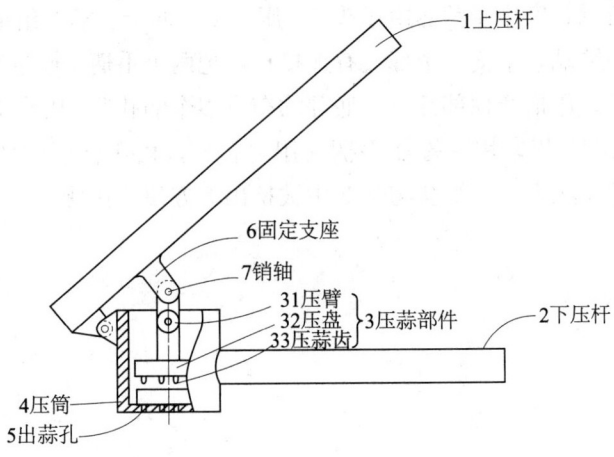

图 3

对比文件1：

(19) 中华人民共和国国家知识产权局

(12) 实用新型专利

(45) 授权公告日 2018.06.30

(21) 申请号 201721433456.5
(22) 申请日 2017.11.22
(73) 专利权人 赵××

(其余著录项目略)

说 明 书

家用压蒜器

[0001] 本实用新型涉及一种压蒜器，特别涉及一种简易家用压蒜器。

[0002] 大蒜是我们常用的一种食材，但是在使用大蒜的时候，剥蒜后将蒜瓣捣碎是一件很麻烦的事情，很浪费时间。

[0003] 本实用新型的目的在于提供一种简易又方便省事的家用压蒜器。

[0004] 图1为本实用新型的结构示意图。

[0005] 如图1所示，家用压蒜器由压头1、压槽2及两个手柄3组成。压头1和压槽2分别设置在两个手柄3的前端，手柄3中部设有连接孔，把两个手柄3通过连接孔用铆钉4连接起来，形成一个钳子形状。压槽2顶部开口，底部均布有多个漏孔5，压头1上有多个相对应的压蒜齿6。把蒜瓣放在压槽2里，用手握住手柄3用力挤压，由于杠杆的作用，蒜瓣就被压成泥状，然后在压蒜齿6的挤压下，蒜泥从漏孔5中被挤出，方便又快捷。

说 明 书 附 图

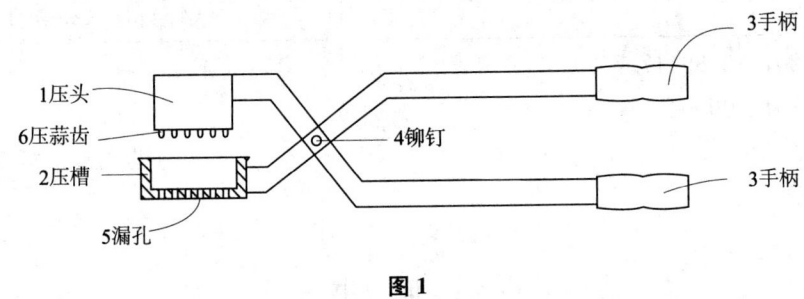

图 1

对比文件 2：

(19) 中华人民共和国国家知识产权局

(12) 实用新型专利

(45) 授权公告日 2013.03.23

(21) 申请号 201220789117.7
(22) 申请日 2012.09.04
(73) 专利权人 孙××

(其余著录项目略)

说　明　书

一种防堵孔压蒜装置

[0001]　本实用新型涉及一种压蒜装置，特别涉及一种防堵孔压蒜装置。

[0002]　现有的压蒜装置在使用时压料筒的漏孔容易被细碎蒜粒堵塞，进而阻碍蒜泥出料，影响压蒜效率。

[0003]　本实用新型的目的是提供一种防堵孔压蒜装置，以解决现有技术中压蒜装置在使用过程中其漏孔容易堵塞，进而阻碍蒜泥出料的问题。

[0004]　图1为本实用新型的压蒜装置的结构示意图。

[0005]　如图1所示，一种防堵孔压蒜装置，包括有上压杆1、下压杆2、第一压臂3、第一压板4和压料筒5，上压杆1和下压杆2的前端部通过销轴连接在一起。下压杆2上设有压料筒5，压料筒5为顶部敞口的筒体，其底部设有供蒜泥通过的多个漏孔（图中未示出）；第一压臂3与上压杆1在与压料筒5相对应的位置（图1所示上压杆1的下侧位置）活动连接，第一压板4与第一压臂3焊接在一起。在上压杆1上还活动安装有第二压臂6，所述第二压臂6的位置与第一压臂3相对应设置（图1所示上压杆1的上侧位置），第二压臂6上焊接第二压板7，第二压板7上设有若干凸起8，凸起8的横截面直径略小于漏孔的内径，其位置与压料筒5底部的漏孔一一对应。

[0006]　在压蒜时若出现细碎蒜粒堵塞漏孔的现象，可反向（即图1中逆时针方向）转动上压杆1，使另一侧的第二压板7向压料筒5底面运动，第二压板7上的若干凸起8穿透压料筒5底部的对应漏孔，从而将堵塞的漏孔疏通，保证压蒜装置的正常使用。

说 明 书 附 图

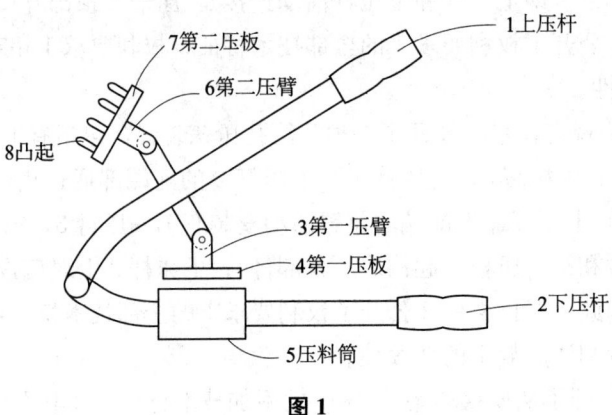

图1

附件 2（A 公司技术人员撰写的无效宣告请求书）：

（一）关于新颖性和创造性

1. 对比文件 1 作为现有技术，公开了一种家用压蒜器，由压头 1、压槽 2 及两个手柄 3 组成，压头 1 和压槽 2 分别设置在两个手柄 3 的前端，手柄 3 中部设有连接孔，把两个手柄 3 通过连接孔用铆钉 4 连接起来（即上压杆和下压杆活动连接），压槽 2 顶部开口，底部有多个漏孔 5。由此可见，对比文件 1 公开了权利要求 1 的全部技术特征，权利要求 1 相对于对比文件 1 不具备《专利法》规定的新颖性。

2. 对比文件 2 作为现有技术，公开了一种防堵孔压蒜装置，包括有上压杆 1、下压杆 2、第一压臂 3、第一压板 4 和压料筒 5。上压杆 1 和下压杆 2 的前端部通过销轴连接在一起（即上压杆和下压杆活动连接），上压杆靠近前端的位置活动安装有第一压臂 3，第一压板 4 与第一压臂 3 焊接在一起（第一压臂和第一压板一起构成压蒜部件）；下压杆 2 上对应设有压料筒 5，压料筒 5 为顶部敞口的筒体。因此，对比文件 2 公开了权利要求 1 的全部技术特征，权利要求 1 相对于对比文件 2 也不具备《专利法》规定的新颖性。

3. 对比文件 2 还公开了从属权利要求 2—3 的附加技术特征，在其引用的权利要求不具备新颖性的前提下，从属权利要求 2—3 也不具备《专利法》规定的新颖性。

4. 对比文件 1 公开了压头 1 上设有多个压蒜齿 6，因此，本领域的技术人员容易想到将上述特征用于对比文件 2 的压蒜装置中从而得到权利要求 4 所要求保护的技术方案，因此，权利要求 4 相对于对比文件 2 和对比文件 1 的结合不具备《专利法》规定的创造性。

5. 对比文件 2 公开了第二压板 7 上设有若干凸起 8 且与漏孔一一对应，因此本领域的技术人员容易想到在第一压板 4 上也设置若干凸起（即压蒜齿），因此，权利要求 4 相对于对比文件 2 不具备《专利法》规定的创造性。

（二）其他无效理由

6. 权利要求 3 和 4 的主题名称与所引用的权利要求的主题名称不一致，不符合《专利法实施细则》第 22 条第 1 款的规定。

7. 权利要求 4 没有限定压蒜齿的大小，因此得不到说明书支持，不符合《专利法》的有关规定。

因此请求宣告涉案专利全部无效。

附件 3（技术交底材料）：

现有技术中披露了一种压蒜器，包括上手柄、下手柄、压头和压料筒，采用压头和带有漏孔的压料筒相配合来压制蒜泥。然而这种压蒜器的压料筒与下手柄是一体的，不容易对压料筒内残留的蒜末进行清理，有时会有蒜末残余，导致不够卫生。

在上述现有技术的基础上，我公司提出一种改进的压蒜器。

图 1 为我公司改进的压蒜器的结构示意图。我公司提供的压蒜器，包括上压杆 1 和下压杆 2，上压杆 1 与下压杆 2 在两者的前端部活动连接。在上压杆 1 靠近前端部的位置设有压蒜部件 3，压蒜部件 3 包括压臂 31 和压盘 32。在下压杆 2 上相应设有压筒 4，压筒 4 包括壳体 41 和可拆卸的内筒 42。壳体 41 为上下两端开口的筒状结构，其位置靠近下压杆 2 前端，壳体 41 与下压杆 2 连为一体。内筒 42 上端开口，内筒 42 底部开设有多个出蒜孔 5，内筒 42 的上端边缘设有外翻的折边 42a。在使用时，将内筒 42 放置于壳体 41 内，通过所述折边 42a 抵靠在壳体 41 的上端面，把蒜瓣放入内筒 42 内，随后合拢上、下压杆，使得压蒜部件 3 进入内筒 42，从而进行压蒜操作。清洗的时候，只需分开上、下压杆，取出内筒 42，即可对内筒 42 中的残留物进行清洗，非常方便。

图 2 为我公司改进的另一结构的压蒜器的结构示意图。相同部件不再赘述，所述压蒜器的压筒 4 包括壳体 41 和可拆卸的插片 42，壳体 41 为上下两端开口的筒状结构，它与下压杆 2 连为一体，位置靠近下压杆 2 前端，在壳体 41 下端沿垂直于壳体 41 轴线的方向开设有插槽 41a，在插槽 41a 下方、壳体 41 内壁面上设有一圈环形的凸起 41b，所述凸起 41b 从壳体 41 的内壁面沿径向向内延伸。插片 42 的形状大小与壳体 41 内部横截面基本一致，插片 42 上设置有多个出蒜孔 5，插片 42 的一侧边缘设置有便于插拔插片 42 的把手 42b。使用时，将插片 42 从插槽 41a 插入壳体 41 内，插片 42 到位后其边缘抵靠在凸起 41b 上，通过凸起 41b 实现支撑定位。由于插片 42 是可拆卸的，在清洗时，仅需拉住把手 42b 将插片 42 抽出，壳体 41 和插片 42 可以分开清理，方便快捷。

图 3 为我公司改进的又一结构的压蒜器的结构示意图。相同部件不再赘述，所述压蒜器的压筒 4 包括壳体 41 和可拆卸的出蒜筒 42，壳体 41 为上下两端开口的筒状结构，它与下压杆 2 连为一体，位置靠近下压杆 2 前端，在壳体 41 靠近下端的外壁面设有外螺纹。出蒜筒 42 为上端开口的筒体结构，出蒜筒 42 的底板上设置多个出蒜孔 5，出蒜筒 42 的内壁设有与壳体 41 上外螺纹相配合的内螺纹，出蒜筒 42 通过螺纹连接在壳体 41 的下端。由于出蒜筒 42 是可拆卸的，清洗时，仅需将出蒜筒 42 从壳体 41 上拧下即可，后续的清理工作方便快捷。

现有技术以及前述实施方式中的上、下压杆均为直杆，当压筒 4 内装满蒜瓣时，压蒜部件 3 的压盘 32 处于压筒 4 的端口，此时上压杆 1 与下压杆 2 中后段之间的距离太大，无法一只手同时将上、下压杆握住，而必须双手分别握住上、下压杆才能进行操作，从而使得压蒜操作不太方便。为解决上述问题，我公司还对压蒜器的压杆进行了改进设计，图 4 为对压杆改进后的压蒜器的结构示意图。如图4所示，上压杆1的中后段设置有圆弧状的下凹部1a，与上压杆1为直杆的压蒜器相比，上、下压杆间的距离得以减小，在压制蒜泥时，能够一只手将上、下压杆同时握住进行操作，操作更为便利。需要注意的是，下凹部1a的尺寸应当满足如下条件，即当压蒜部件3的压盘32处于压筒4底部时，下凹部1a的最低点略高于下压杆2的上表面，从而防止上、下压杆在压蒜操作时发生干涉，导致压盘32不能充分挤压蒜瓣。

　　上述实施方式仅为本发明的优选实施方式，不能以此来限定本发明保护的范围，本领域的技术人员在本发明的基础上所作的任何非实质性的变化及替换均属于本发明所要求保护的范围，比如还可以配置出蒜孔尺寸不同的多个用于出蒜的部件，根据需要更换不同的出蒜部件，从而获得粗细不同的蒜泥。

技术交底材料附图

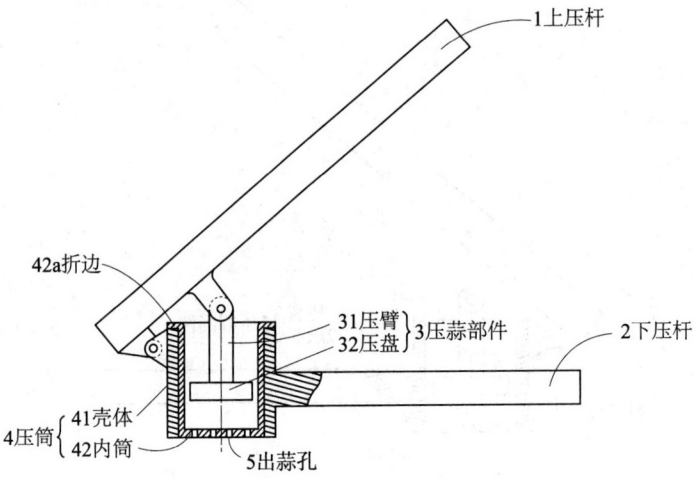

图1

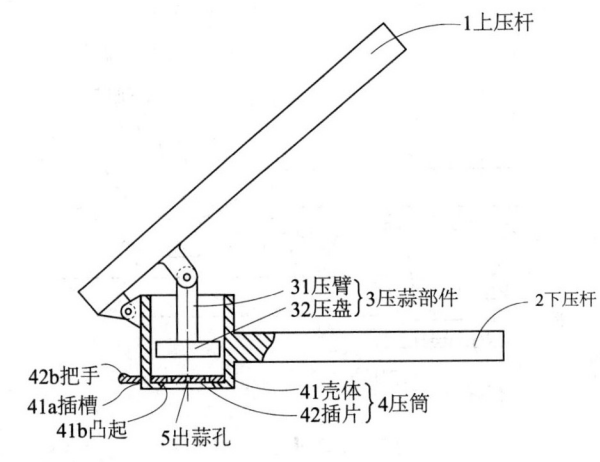

图2

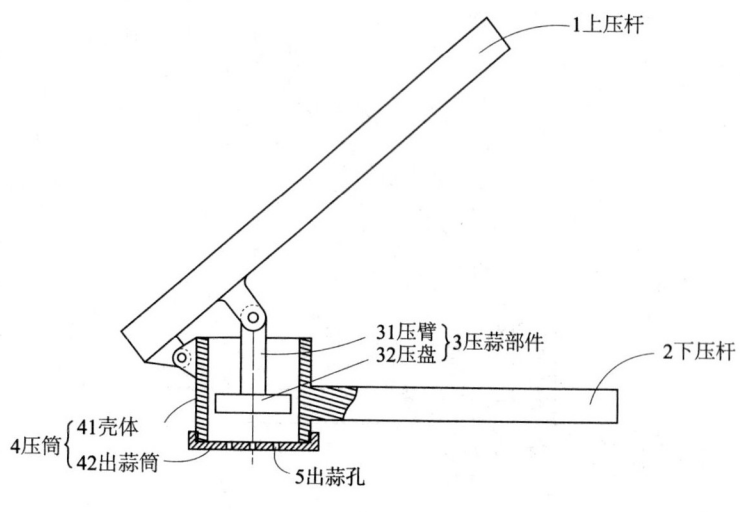

图 3

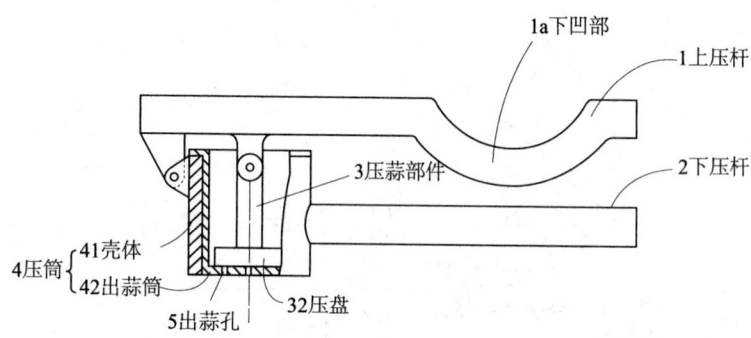

图 4

2019年专利代理实务题
答题要点及参考答案

2019年专利代理实务试题解析

一、总体考虑

2019年专利代理实务考试试题共有五道题目，涉及无效实务和申请实务两个部分。

第一题、第二题是无效实务部分。第一题要求应试者根据客户提供的资料具体分析客户所撰写的无效宣告请求书（附件2）中的各项理由是否成立，并将具体意见以信函的形式提交给客户。该题重点考查应试者对于专利代理事务中应知应会的基本法律概念的理解和运用能力，要求应试者全面正确地判断题述理由是否符合《专利法实施细则》第六十五条第二款规定的范围，并对附件2中的具体理由是否成立、撰写是否合适等内容作出判断并予以说明。第二题要求应试者根据客户提供的资料为客户撰写一份无效宣告请求书。该题全面考查了应试者对于专利代理实务中经常涉及的几个基本法律概念，包括新颖性、创造性、权利要求是否清楚、是否缺少必要技术特征以及是否得到说明书的支持等内容的掌握程度以及灵活运用的能力。应试者作为无效宣告请求人的代理师，要条理清晰，有理有据地分析客户提供的资料，选择能成功地将涉案专利宣告无效的最有力证据和提出最具说服力的理由。

第三题至第五题为申请实务部分。第三题采用撰写权利要求书这种专利代理实务中最基本的形式，主要考查应试者撰写权利要求书的基本技巧，要求在满足《专利法》及《专利法实施细则》有关规定的前提下，撰写合适范围的独立权利要求和若干项逻辑清楚、层次分明的从属权利要求。一方面，此题要求应试者要具有总结归纳的能力，能根据客户所提供的各类素材总结归纳后为客户的每一项发明寻求一个最合理范围的专利保护；另一方面，也要求应试者能够撰写出有层次、有梯度、逻辑严谨、结构清楚的系列从属权利要求，从而保证权利的稳定性。第四题要求应试者分析其在第三题中撰写的独立权利要求相对于现有技术是否具备新颖性和创造性，主要用于考查应试者对于新颖性、创造性法条的掌握和实际运用能力。第五题要求应试者撰写分案申请的独立权利要求，并陈述分案或合案申请的理由，主要是考查应试者对单一性、分案申请的理解和实际运用能力。

二、对客户所撰写的无效宣告请求书中各项理由是否成立给出咨询意见

2019年专利代理实务考试的第一题要求应试者按照题目要求并根据客户所撰写的无效宣告请求书（附件2）为客户撰写咨询意见，逐一分析附件2中涉及的各项无效理由是否成立并进行相应的说明。除了该附件2之外，试卷中还给出了三份素材，包括：附件1（涉案专利）以及客户提供的对比文件1~2。

在具体分析各项理由是否成立之前，应试者需要知道客户都提出了哪些无效理由，需要

认真阅读该题中给出的三份素材，全面了解涉案专利以及所有对比文件的相关内容，并按照以下思路和步骤进行分析。

（一）分析客户提供的涉案专利的权利要求书

涉案专利的权利要求书共有 4 项权利要求，其中有 1 项独立权利要求。独立权利要求 1 请求保护一种压蒜器；从属权利要求 2 引用了独立权利要求 1。从属权利要求 3 引用了从属权利要求 2，从属权利要求 4 择一引用了从属权利要求 2 或 3，它们均对压蒜部件作了进一步限定。涉案专利的最大保护范围（权利要求 1 要求保护的技术方案）是将上压杆和下压杆活动连接，上压杆靠近前端的位置设有压蒜部件，下压杆上设有与压蒜部件相对应的压筒，由此组成了压蒜器，从而达到节省力气的操作效果。

（二）分析客户提供的对比文件

对对比文件的分析，需要从时间和内容这两方面入手。在时间方面，需要考查客户提供的对比文件是否构成涉案专利的现有技术，或者是否属于申请在先、公开（公告）在后的专利申请或者专利文件；在内容方面，需要考查客户所提供的这些对比文件是否能够影响涉案专利权利要求的新颖性和/或创造性，以及是否构成抵触申请。

1. 从时间的角度分析

经核实，对比文件 1 的申请日为 2017 年 11 月 22 日，公告日为 2018 年 06 月 30 日，涉案专利的申请日为 2017 年 12 月 12 日，因此，对比文件 1 属于申请在先、公开（公告）在后的中国实用新型专利文件，仅能用于评价权利要求的新颖性。

对比文件 2 的公告日为 2013 年 03 月 23 日，早于涉案专利的申请日 2017 年 12 月 12 日，在时间上构成了涉案专利的现有技术，可以用于评价权利要求的新颖性和创造性。

2. 从内容的角度分析

对比文件 1 公开了一种压蒜器，由压头 1、压槽 2 及两个手柄 3 组成，压头 1 和压槽 2 分别设置在两个手柄 3 的前端，手柄 3 中部设有连接孔，把两个手柄 3 通过连接孔用铆钉 4 连接起来，压槽 2 顶部开口，底部均布有多个漏孔 5，压头 1 上有多个相对应的压蒜齿 6。

对比文件 2 公开了一种压蒜装置，包括有上压杆 1、下压杆 2、第一压臂 3、第一压板 4 和压料筒 5，上压杆 1 和下压杆 2 的前端部通过销轴连接在一起。下压杆 2 上设有压料筒 5，压料筒 5 为顶部敞口的筒体，其底部设有供蒜泥通过的多个漏孔；第一压臂 3 与上压杆 1 在与压料筒 5 相对应的位置活动连接。对比文件 2 的压蒜装置还包括活动安装在上压杆 1 上侧位置的第二压臂 6，第二压臂 6 的位置与第一压臂 3 相对应设置，第二压臂 6 上焊接第二压板 7，第二压板 7 上设有若干凸起 8。

分析对比文件 1～2 公开的技术内容，并与涉案专利的权利要求 1～4 进行对比（具体分析参见后续的"给客户的咨询意见撰写样例"），结论是对比文件 1 构成涉案专利中权利要求 1 的抵触申请，能够影响权利要求 1 的新颖性，但不能影响权利要求 2～4 的新颖性；对比文件 2 作为现有技术能够影响权利要求 1～3 的新颖性，但不能影响权利要求 4 的新颖性；

对比文件2不能影响权利要求4的创造性。

(三) 分析客户所撰写的无效宣告请求书中涉及的各项理由

客户所撰写的无效宣告请求书中包括如下理由：(1) 关于新颖性和创造性，主要是新颖性；(2) 其他无效理由，包括引用的主题名称是否一致的情况以及权利要求是否得到说明书支持的情况。

新颖性的评价需要把握两个基本原则：(1) 同样的发明或者实用新型。在进行新颖性判断时，要求涉案专利的权利要求与对比文件的技术领域、所解决的技术问题、技术方案和预期效果实质相同，重点是判断技术方案是否实质上相同；(2) 单独对比原则。在新颖性判断中，应当将涉案专利的各项权利要求分别与每一项现有技术或申请在先公布或公告在后的发明或实用新型相关技术内容单独地进行比较，不得将其与几项现有技术或者申请在先公布或公告在后的发明或者实用新型内容的组合，或者与一份对比文件中的多项技术方案的组合进行对比。在具体对比时，需要将权利要求中的全部技术特征与对比文件中每个技术方案的技术特征进行单独对比，不可遗漏。

1. 对于理由1的分析

本题中的理由1考查应试者对新颖性具体判断原则的适用，特别是对"抵触申请"概念的理解。

对比文件1公开了一种压蒜器（参见对比文件1的说明书第[0005]段、附图1），由压头1、压槽2及两个手柄3组成。压头1和压槽2分别设置在两个手柄3的前端，手柄3中部设有连接孔，把两个手柄3通过连接孔用铆钉4连接起来，形成一个钳子形状。压槽2顶部开口，底部均布有多个漏孔5。由此可见，对比文件1公开了权利要求1的全部技术特征，两者属于相同的技术领域，都解决了挤压蒜瓣时比较费力的技术问题，并能达到相同的节省力气的预期技术效果。如前所述，对比文件1属于申请在先、公告在后向中国国家知识产权局专利局提交的实用新型专利。因而，对比文件1构成了涉案专利权利要求1的抵触申请。因此，权利要求1相对于对比文件1不具备《专利法》第二十二条第二款规定的新颖性。

因此，理由1的结论是成立的。但理由1中在论述权利要求1不具备新颖性的原因时，指出"对比文件1作为现有技术"，未注意到对比文件1的公告时间在涉案申请的申请日之后，因此整体论述错误。此外，在该无效宣告理由中没有引用涉及的具体法条，存在撰写不规范的问题。

2. 对于理由2的分析

理由2考查应试者对新颖性具体判断原则的适用，特别是对新颖性评价中应遵循技术特征"单独对比"原则的运用。

对比文件2公开了一种防堵孔压蒜装置（参见对比文件2的说明书第[0005]至[0006]段、图1），包括有上压杆1、下压杆2、第一压臂3、第一压板4和压料筒5，上压杆1和下压杆2的前端端部通过销轴连接在一起（相当于涉案专利的权利要求1中的：上压杆和下压杆活动连接），下压杆2设有压料筒5（图1左侧靠近销轴连接的位置，即靠近前端的位置），压料筒 5 为顶部敞口的筒体，其底部设有供蒜泥通过的多个漏孔；第一压臂 3 与上压杆 1 在与压料筒 5 相对应的位置（图 1 所示上压杆 1 的下侧位置）活动连接，第一压板 4 与第一压臂 3 焊接在一起（第一压臂和第一压板一起相当于涉案专利的权利要求 1 中的压蒜部件）。因此，对比文件 2 公开了权利要求 1 的全部技术特征，两者属于家用压蒜器这一相同的技术领域，都解决了挤压蒜瓣时比较费力的技术问题，并能达到相同的节省力气的预期技术效果。因此，权利要求 1 相对于对比文件 2 不具备新颖性，不符合《专利法》第二十二条第二款的规定。

因此，理由 2 的结论是成立的，但在评述中没有遵循新颖性评价中的技术特征单独对比原则，漏评了"压筒底部设有多个出蒜孔"这一特征，使得理由 2 中存在论述缺陷。此外，在该无效宣告理由中没有引用涉及的具体法条，存在撰写不规范的问题。

3. 对于理由 3 的分析

理由 3 同样考查应试者对从属权利要求概念的理解和新颖性评价中应遵循技术特征单独对比原则的运用。权利要求 2 从属于权利要求 1，权利要求 3 从属于权利要求 2，因而，权利要求 2 的完整技术方案应该包含了权利要求 1 的全部技术特征及其附加技术特征。同样，权利要求 3 的完整技术方案也应当包含权利要求 1 的全部技术特征、权利要求 2 的附加技术特征及权利要求 3 的附加技术特征。

对比文件 2 还公开了下述内容（参见说明书第［0005］段、图 1）：上压杆 1 和下压杆 2 的前端端部通过销轴连接在一起（即，上压杆（1）前端与下压杆（2）前端活动连接）。第一压臂 3 与上压杆 1 在与压料筒 5 相对应的位置（图 1 所示上压杆 1 的下侧位置）活动连接，第一压板 4 与第一压臂 3 焊接在一起［即，所述压蒜部件（3）包括压臂（31）和固定连接在压臂（31）下端的压盘（32），所述压臂（31）的上端与上压杆（1）活动连接］。对比文件 2 已经公开了从属权利要求 2～3 的附加技术特征，在其引用的权利要求不具备新颖性的前提下，从属权利要求 2～3 也均不具备《专利法》第二十二条第二款规定的新颖性。

因此，理由 3 的结论是成立的，但没有遵循新颖性评价的技术特征单独对比原则，缺少针对所述技术方案的具体对比，存在论述缺陷。此外，在该无效宣告理由中没有引用涉及的具体法条，存在撰写不规范的问题。

4. 对于理由 4 的分析

理由 4 考查应试者对作为评述创造性证据的对比文件的理解。用于评价创造性的对比文件必须属于现有技术，抵触申请不属于现有技术。

对比文件 1 是申请日在涉案专利的申请日之前，授权公告日在涉案专利的申请日之后，向中国国家知识产权局专利局提交的实用新型专利，与涉案专利是同样的发明创造，构成了涉案专利的抵触申请，不属于现有技术。因此，不能作为对比文件单独或与其他对比文件结合来评价一项权利要求的创造性，故理由 4 的结论是不成立的。此外，在该无效宣告理由中没有引用涉及的具体法条，存在撰写不规范的问题。

5. 对于理由 5 的分析

理由 5 考查应试者对于对比文件所公开内容的整体理解，尤其是对于是否存在技术启示的把握。

在权利要求4中，所述压盘上设有多个压蒜齿的作用是使得挤压更加充分，从而将残留的蒜瓣挤碎，提高蒜泥的挤出效率。而对比文件2公开的压蒜装置，虽然其第二压板上设有若干凸起8且与压料筒5底部的漏孔一一对应，但其作用是"在压蒜时若出现细碎蒜粒堵塞漏孔的现象，可反向（即图1中逆时针方向）转动上压杆1，使另一侧的第二压板7向压料筒5底面运动，第二压板7上的若干凸起8穿透压料筒5底部的对应漏孔，从而将堵塞的漏孔疏通，保证压蒜装置的正常使用"，不参与碎蒜操作，与涉案专利中压蒜齿的要解决的技术问题和/或所起的功能作用均不相同，本领域的技术人员没有动机在对比文件2中的第一压板上进行同样的设置。因此，权利要求4相对于对比文件2不具备创造性的无效宣告理由不成立，即，理由5的结论是不成立的。此外，在该无效宣告理由中没有引用涉及的具体法条，存在撰写不规范的问题。

6. 对于理由6的分析

理由6考查应试者对《专利法实施细则》第六十五条第二款所规定的能被作为无效宣告理由的具体法律条款的掌握情况。

《专利法实施细则》第六十五条第二款规定了无效宣告请求理由所涵盖的具体法律条款，但《专利法实施细则》第二十二条第一款并不属于所规定的范畴。因此，根据上述规定，不能以从属权利要求的主题名称与其引用的权利要求的主题名称不一致，不符合《专利法实施细则》第二十二条第一款的规定为由提出无效宣告请求，即理由6不成立。

7. 对于理由7的分析

理由7考查应试者对权利要求应当以说明书为依据的理解，特别是对于导致权利要求得不到说明书支持原因的具体分析。

权利要求4限定部分的技术特征为"所述压盘（32）上设有多个压蒜齿（33）"，而在涉案专利说明书第［0009］段指出："压蒜器的压盘32的下表面为平面，在使用时，压蒜器将蒜瓣压扁后，仍有部分蒜瓣被压成饼状残留在压筒4内，即便反复施力挤压仍无法将残留的蒜瓣挤碎并排出压筒4。为进一步解决蒜瓣残留的问题，……在压盘32的下表面上设置多个与出蒜孔5对应的压蒜齿33，所述多个压蒜齿33……其横截面直径小于出蒜孔5的内径……从而使得挤压更加充分，提高了蒜泥的挤出效率。"而在该权利要求的附加技术特征中仅仅在压盘上设有压蒜齿，既没有限定"压蒜齿的大小"，也没有限定"压蒜齿的位置"，其涵盖了当压蒜齿与出蒜孔位置不对应或压蒜齿的直径大于等于出蒜孔的内径时，导致压蒜齿无法进入出蒜孔内的技术方案，而这些技术方案无法解决挤压充分、提高蒜泥挤出效率的问题。因此，权利要求4请求的技术方案得不到说明书的支持，不符合《专利法》第二十六条第四款的规定。由此可知，理由7成立，但不支持的说理依据不足，即，除了应当限定"压蒜齿的大小"之外，还应当限定"压蒜齿的位置"。此外，在该无效宣告理由中没有引用涉及的具体法条，存在撰写不规范的问题。

需要说明的是，本题仅要求应试者对于附件2中所涉及的各项理由是否成立作答，因此在该题的答案中不要求应试者分析权利要求1～4中是否存在其他缺陷，例如权利要求是否清楚、是否缺少必要技术特征等。

第一题参考答案（给客户的咨询意见撰写样例）

尊敬的 A 公司：

很高兴贵方委托我代理机构代为办理有关请求宣告专利号为 ZL201721443567.x，名称为"压蒜器"的实用新型专利无效宣告请求的有关事宜。经仔细阅读贵方提供的附件 1～2 以及对比文件 1～2，我认为附件 2 中各项理由是否成立的结论和理由是：

（一）关于新颖性和创造性

1. 权利要求 1 相对于对比文件 1 不具备新颖性的无效宣告理由成立

对比文件 1 是向中国国家知识产权局专利局提交的实用新型专利申请，其申请日在涉案申请的申请日之前，授权公告日在涉案申请的申请日之后，且公开了涉案专利权利要求 1 的全部技术特征，构成了涉案专利的抵触申请，因此权利要求 1 相对于对比文件 1 不具备新颖性的结论是正确的。但在论述权利要求 1 不具备新颖性的原因时，指出"对比文件 1 作为现有技术"，未注意到对比文件 1 的公开时间在涉案申请的申请日之后，因此整体论述错误。此外，没有指明具体法条，撰写不够规范。

2. 权利要求 1 相对于对比文件 2 不具备新颖性的无效宣告理由成立

权利要求 1 相对于对比文件 2 不具备新颖性的结论是正确的，但在评述中没有遵循新颖性评价的技术特征单独对比原则，漏评了"压筒底部设有多个出蒜孔"这一技术特征，因此理由 2 中存在论述缺陷。此外，在该无效宣告理由中没有引用涉及的具体法条，存在撰写不规范的问题。

3. 权利要求 2—3 相对于对比文件 2 不具备新颖性的无效宣告理由成立

理由 3 成立，但缺少针对所述技术方案的具体对比。此外，在该无效宣告理由中没有引用涉及的具体法条，存在撰写不规范的问题。

4. 权利要求 4 相对于对比文件 2 和 1 不具备创造性的无效宣告理由不成立

由于对比文件 1 的授权公告日在涉案专利的申请日之后，不能构成现有技术，因此不能作为对比文件，单独或与其他对比文件结合来评价一项权利要求的创造性。故理由 4 的结论是不成立的。此外，在该无效宣告理由中没有引用涉及的具体法条，存在撰写不规范的问题。

5. 权利要求 4 相对于对比文件 2 不具备创造性的无效宣告理由不成立

在权利要求 4 中，所述压盘上设有多个压蒜齿的作用是使得挤压更加充分，从而将残留的蒜瓣挤碎，提高蒜泥的挤出效率；而对比文件 2 公开的压蒜装置，其第二压板上的若干凸起且与漏孔一一对应，但其作用是疏通漏孔，防止压料筒的漏孔被压制的细碎蒜粒堵塞，并不参与碎蒜操作，与涉案专利中压蒜齿的要解决的技术问题和/或所起的功能作用均不相同,本领域的技术人员没有动机在对比文件2中的第一压板上进行同样的设置。因此,权利要求4相对于对比文件2不具备创造性的无效宣告理由不成立。此外,在该无效宣告理由中没有引用涉及的具体法条,存在撰写不规范的问题。

(二)其他无效理由

6. 权利要求3和4不符合《专利法实施细则》第二十二条第一款的规定的无效宣告理由不成立

《专利法实施细则》第六十五条第二款规定了无效宣告请求的范围。根据上述规定,《专利法实施细则》第二十二条第一款不属于上述无效宣告请求的范围,即,理由6不成立。

7. 权利要求4得不到说明书支持的无效宣告理由成立

权利要求4的技术方案涵盖了,当压蒜齿与出蒜孔位置不对应或压蒜齿的直径大于等于出蒜孔的内径时,压蒜齿无法深入出蒜孔内的技术方案,上述技术方案无法解决充分挤压的问题。因此,权利要求4请求的技术方案得不到说明书的支持,即,权利要求4中除了应该限定"压蒜齿的大小"之外,还应当限定"压蒜齿的位置"。由此可知,理由7成立,但不支持的说理依据不足。此外,在该无效宣告理由中没有引用涉及的具体法条,存在撰写不规范的问题。

综上,目前贵公司撰写的无效宣告请求书存在一些瑕疵,建议根据上述分析进行修改。

以上咨询意见仅供参考,有问题请与我们随时沟通。

祝好!

×××专利代理机构　×××
××××年××月××日

三、撰写无效宣告请求书

2019年专利代理实务考试的第二题要求应试者根据题目给出的素材为客户撰写无效宣告请求书,说明可提出无效宣告请求的范围、理由和证据。

应试者在认真阅读试卷中给出的资料,全面了解涉案专利以及所有对比文件的相关内容以后,按照以下思路和步骤进行分析。

(一)分析客户提供的对比文件是否需要作为证据提交以及与证据相关的无效理由

如前所述,从时间上看,对比文件1属于申请在先、公开在后的中国实用新型专利,可以用于评价权利要求的新颖性;对比文件2属于现有技术,可以用于评价权利要求的新颖性和创造性。从内容上看，它们均属于家用压蒜器领域，对比文件1公开了权利要求1的全部技术特征，对比文件2公开了权利要求1~3的全部技术特征。因此，对比文件1影响权利要求1的新颖性，对比文件2影响权利要求1~3的新颖性，对比文件1和对比文件2可以分别作为评价涉案专利权利要求1、1~3的新颖性的证据提交。

分析对比文件2可知，对比文件2中没有公开权利要求4中所述的"所述压盘（32）上设有多个压蒜齿（33）"。因此，根据目前所掌握的证据，不能以权利要求4不具备新颖性或创造性为由提出无效宣告请求。

（二）分析涉案专利的权利要求书是否存在其他可以提出无效宣告请求的缺陷

1. 对于权利要求1

由于该申请要解决的技术问题是改变支点位置使操作更加省力，通过将活动连接位置设置在上、下压杆的前端端部，增大了力臂，从而降低了所需要的操作力量。而权利要求1请求保护的方案没有针对所述支点位置进行限定，即，权利要求1缺少必要技术特征，不符合《专利法实施细则》第二十条第二款的规定。

此外，还可以从权利要求是否以说明书为依据的角度来分析权利要求1中存在的问题：

由于该申请要解决的技术问题是改变支点位置使操作更加省力，通过将活动连接位置设置在上、下压杆的前端端部，增大了力臂，从而降低了所需要的操作力量。而权利要求1没有限定活动连接的位置，无法解决省力的技术问题。因此得不到说明书的支持，不符合《专利法》第二十六条第四款有关权利要求应以说明书为依据的规定。

2. 对于权利要求3

权利要求3请求保护的主题名称与其引用的权利要求2的主题名称不一致。这种不一致导致权利要求3请求保护的技术方案不清楚，不符合《专利法》第二十六条第四款的规定。

3. 对于权利要求4

权利要求4请求保护的主题名称与其引用的权利要求2的主题名称不一致，并且权利要求4引用权利要求2时，技术特征"压盘"缺少引用基础，因此权利要求4请求保护的技术方案不清楚，不符合《专利法》第二十六条第四款的规定。

权利要求4中既没有限定压蒜齿与出蒜孔相对位置，也没有限定两者的相对大小。如果两者位置不对应，或者压蒜齿的直径大于或等于出蒜孔直径，那么压蒜齿将无法进入出蒜孔内，无法解决挤压充分、提高蒜泥挤出效率的技术问题。因此权利要求4得不到说明书的支持，不符合《专利法》第二十六条第四款的规定。

（三）确定无效宣告请求的范围、理由和证据的使用

在前述分析的基础上，可以确定无效宣告请求的范围、理由和证据为：

（1）权利要求1相对于对比文件1不具备新颖性；权利要求1~3相对于对比文件2不具备新颖性，不符合《专利法》第二十二条第二款的规定；

（2）权利要求1缺少必要技术特征，不符合《专利法实施细则》第二十条第二款的规定；或权利要求1请求保护的技术方案没有以说明书为依据，不符合《专利法》第二十六条第四款的规定；

(3) 权利要求 3 请求保护的技术方案不清楚，不符合《专利法》第二十六条第四款的规定；

(4) 权利要求 4 请求保护的技术方案不清楚，不符合《专利法》第二十六条第四款的规定；

(5) 权利要求 4 请求保护的技术方案没有以说明书为依据，不符合《专利法》第二十六条第四款的规定。

(四) 准备无效宣告请求书的具体撰写

根据《专利法》和《专利法实施细则》的规定，撰写无效宣告请求书时应明确无效宣告请求的对象、范围，并结合证据具体说明无效宣告理由；评价新颖性时体现单独对比原则，评价创造性时运用"三步法"；所撰写的无效宣告请求书应当条理清楚、逻辑性强、有理有据、行文流畅。

第二题参考答案（无效宣告请求书撰写样例）

国家知识产权局：

根据《专利法》第四十五条及《专利法实施细则》第六十五条的规定，请求人现请求宣告专利号为 ZL201721443567.x，名称为"压蒜器"的实用新型专利全部无效，具体理由如下：

(一) 关于新颖性和创造性

1. 权利要求 1 相对于对比文件 1 不具备《专利法》第二十二条第二款规定的新颖性

权利要求 1 请求保护一种压蒜器。对比文件 1（ZL201720433456.5）公开了一种家用压蒜器，具体公开了如下内容（参见说明书第 [0005] 段、附图1）：家用压蒜器由压槽、压头 2 及两个手柄 3 组成。压头 1 和压槽 2 分别设置在两个手柄 3 的前端（即，上压杆靠近前端的位置设有压蒜部件，下压杆上设有与压蒜部件相对应的压筒），手柄 3 中部设有连接孔，把两个手柄 3 通过连接孔用铆钉 4 连接起来（即上压杆和下压杆活动连接），压槽 2 顶部开口，底部有多个漏孔 5。由此可见，对比文件 1 公开了权利要求 1 的全部技术特征，两者属于相同的技术领域，都解决了挤压蒜瓣时比较费力的技术问题，并能达到相同的节省力气的预期技术效果；且对比文件 1 的申请日为 2017 年 11 月 22 日，授权公告日为 2018 年 09 月 30 日，属于在涉案专利申请的申请日 2017 年 12 月 12 日以前向中国国家知识产权局专利局提出并且在该申请日后授权公告的实用新型专利。因而对比文件 1 构成了涉案专利权利要求 1 的抵触申请。因此，权利要求 1 相对于对比文件 1 不具备《专利法》第二十二条第二款规定的新颖性。

2. 权利要求 1 相对于对比文件 2 不具备《专利法》第二十二条第二款规定的新颖性

对比文件 2（ZL201220789117.7）的授权公告日为 2013 年 03 月 23 日，早于该

专利的申请日 2017 年 12 月 12 日，故对比文件 2 公开的技术内容构成涉案专利的现有技术。

权利要求 1 请求保护一种压蒜器。对比文件 2 公开了一种防堵孔压蒜装置（参见对比文件 2 的说明书第 [0005] 至 [0006] 段、图 1），包括有上压杆 1、下压杆 2、第一压臂 3、第一压板 4 和压料筒 5，上压杆 1 和下压杆 2 的前端端部通过销轴连接在一起（相当于涉案专利的权利要求 1 中的上压杆和下压杆活动连接），下压杆 2 上设有压料筒 5（图 1 左侧靠近销轴连接的位置，即靠近前端的位置），压料筒 5 为顶部敞口的筒体，其底部设有供蒜泥通过的多个漏孔；第一压臂 3 与上压杆 1 在与压料筒 5 相对应的位置（图 1 所示上压杆 1 的下侧位置）活动连接，第一压板 4 与第一压臂 3 焊接在一起（第一压臂和第一压板一起相当于压蒜部件）。因此，对比文件 2 公开了权利要求 1 的全部技术特征，两者均属于家用压蒜器这一相同的技术领域，都解决了挤压蒜瓣时比较费力的技术问题，并能达到相同的节省力气的预期技术效果。故权利要求 1 相对于对比文件 2 不具备新颖性，不符合《专利法》第二十二条第二款的规定。

3. 权利要求 2 相对于对比文件 2 不具备《专利法》第二十二条第二款规定的新颖性

从属权利要求 2 引用了权利要求 1，对其所引用的权利要求作了进一步限定。而对比文件 2 还公开了（参见说明书第 [0005] 段）下述内容：上压杆 1 和下压杆 2 的前端端部通过销轴连接在一起［相当于权利要求 2 中上压杆（1）前端与下压杆（2）前端活动连接］。由此可知，对比文件 2 已经公开了从属权利要求 2 的附加技术特征，因此，在其引用的权利要求 1 不具备新颖性的前提下，从属权利要求 2 也不具备《专利法》第二十二条第二款规定的新颖性。

4. 权利要求 3 相对于对比文件 2 不具备《专利法》第二十二条第二款规定的新颖性

从属权利要求 3 引用了权利要求 2，对其所引用的权利要求作了进一步限定。而对比文件 2 还公开了下述内容（参见说明书第 [0005] 段、图 1）：第一压臂 3 与上压杆 1 在与压料筒 5 相对应的位置（图 1 所示上压杆 1 的下侧位置）活动连接，第一压板 4 与第一压臂 3 焊接在一起［相当于权利要求 3 中的"所述压蒜部件（3）包括压臂（31）和固定连接在压臂（31）下端的压盘（32），所述压臂（31）的上端与上压杆（1）活动连接"］。由此可知，对比文件 2 已经公开了从属权利要求 3 的全部附加技术特征，在其引用的权利要求 2 不具备新颖性的前提下，从属权利要求 3 也不具备《专利法》二十二条第二款规定的新颖性。

（二）其他无效宣告理由

5. 权利要求 1 缺少必要技术特征，不符合《专利法实施细则》第二十条第二款的规定

该申请要解决的技术问题是蒜瓣较大时压蒜费劲，而通过改变其支点位置，也

就是上、下压杆活动的连接位置，将其设置在上、下压杆的前端端部，增大了力臂，从而降低了所需要的操作力量，解决了压蒜费劲的技术问题。因而，将上、下压杆活动连接的位置设置在上、下压杆的前端端部，是涉案专利解决其压蒜费劲这一技术问题所不可缺少的技术特征，而权利要求1请求保护的方案没有针对该活动连接位置进行限定。因而，即权利要求1缺少解决其技术问题的必要技术特征，不符合《专利法实施细则》第二十条第二款的规定。

6. 权利要求1未以说明书为依据，不符合《专利法》第二十六条第四款的规定

该申请要解决的技术问题是蒜瓣较大时压蒜费劲，而通过改变其支点位置，也就是上、下压杆活动的连接位置，将其设置在上、下压杆的前端端部，增大了力臂，从而降低了所需要的操作力量，解决了压蒜费劲的技术问题。而权利要求1请求保护的技术方案中涵盖了活动连接位置未设置在上、下压杆前端端部的技术方案，而这些技术方案，无法解决省力的技术问题。因此，权利要求1请求保护的技术方案得不到说明书的支持，不符合《专利法》第二十六条第四款有关权利要求应当以说明书为依据的规定。

7. 权利要求3请求保护的技术方案不清楚，不符合《专利法》第二十六条第四款的规定

权利要求3请求保护的主题名称"压蒜部件"与其引用的权利要求2的主题名称"压蒜器"不一致，这种不一致导致权利要求3请求保护的技术方案不清楚，不符合《专利法》第二十六条第四款的规定。

8. 权利要求4请求保护的技术方案不清楚，不符合《专利法》第二十六条第四款的规定

具体原因包括两个方面：

第一，权利要求4请求保护的主题名称"压蒜部件"与其引用的权利要求2的主题名称"压蒜器"不一致，导致权利要求其请求保护的技术方案不清楚。

第二，在权利要求4的附加技术特征中，对"压盘"作了进一步限定，然而在引用权利要求2时，在先权利要求的技术方案中并没有出现"压盘"，因而缺少引用基础，导致其请求保护的技术方案不清楚。

因此，权利要求4请求保护的技术方案不符合《专利法》第二十六条第四款有关清楚的规定。

9. 权利要求4请求保护的技术方案未以说明书为依据，不符合《专利法》第二十六条第四款的规定

权利要求4中没有限定压蒜齿与出蒜孔相对位置，也没有限定两者的相对大小。如果两者位置不对应，或者压蒜齿的直径大于或等于出蒜孔直径，那么压蒜齿将无法进入出蒜孔内，无法解决挤压充分、提高蒜泥挤出效率的技术问题。因此权利要求4得不到说明书的支持，不符合《专利法》第二十六条第四款有关权利要求应以说明书为依据的规定。

综上所述，该实用新型专利不符合《专利法》第二十二条第二款、第二十六条第四款以及《专利法实施细则》第二十条第二款的规定，现请求宣告专利号为ZL201721443567.x，名称为"压蒜器"的实用新型专利全部无效。

××专利代理机构　×××
××××年××月××日

四、撰写权利要求书

2019年专利代理实务考试的第三题要求应试者根据题目给出的技术交底材料（附件3），并综合考虑附件1和对比文件1～2所反映的现有技术，为客户撰写一份发明专利申请的权利要求书。在撰写权利要求书时，应试者应当认真阅读、全面了解技术交底材料和现有技术的相关内容，撰写出既符合《专利法》和《专利法实施细则》相关规定，又能最大化地维护客户利益的权利要求书。在答题时可以按照以下的思路和步骤进行。

（一）确定技术交底材料相对于现有技术所解决的技术问题

在本题中，与前述无效实务部分的第一题和第二题不同，涉案专利及对比文件1、对比文件2均构成了技术交底材料的现有技术。

现有技术中的压蒜器都具通常包括上手柄、下手柄、压头和压料筒，采用压头和带有漏孔的压料筒相配合来压制蒜泥，然而这种压蒜器的压料筒与下手柄是一体的，不容易对压料筒内残留的蒜末进行清理，有时会有蒜末残余，导致不够卫生。另外，这种上、下手柄均为直杆，当压筒内装满蒜瓣时，压蒜部件的压盘处于压筒的端口，此时上压杆与下压杆中后段之间的距离太大，无法一只手同时将上、下压杆握住，而必须双手分别握住上、下压杆才能进行操作，从而使得压蒜操作不太方便。如前所述，客户提供的技术交底材料中记载了解决上述两个技术问题的技术方案，可以方便清洗，并方便单手操作。

（二）确定独立权利要求的保护范围

独立权利要求应当从整体上反映发明的技术方案，记载解决技术问题的必要技术特征。为了达到使客户的利益最大化的目标，应试者不能简单地照抄技术交底材料中的实施方式，而应当对其中的实施方式进行适当概括，以避免所撰写权利要求的保护范围太小。

如前所述，技术交底材料中涉及解决"清洗不方便"和"压杆为直杆，不方便单手操作"这两个技术问题的多个具体实施例。但此时根据技术交底材料撰写权利要求书，现有技术除了对比文件1～2之外还应包括涉案专利。相比于现有的对比文件1～2和涉案专利，解决上述两个问题的方案尚未在这些现有技术中公开。因此，可以就解决上面两个问题的方案提出申请。

技术交底材料中关于上述两个技术问题可提出申请的方案包括：

（1）压筒4包括壳体41和可拆卸的内筒42。壳体41为上下两端开口的筒状结构，其位置靠近下压杆2前端，壳体41与下压杆2连为一体。内筒42上端开口，内筒42底部开设有多个出蒜孔5，内筒42的上端边缘设有外翻的折边42a。

（2）压筒4包括壳体41和可拆卸的插片42，壳体41为上下两端开口的筒状结构，它与下压杆2连为一体，位置靠近下压杆2前端，插片42的形状大小与壳体41内部横截面基本一致，插片42上设置有多个出蒜孔5。

（3）压筒4包括壳体41和可拆卸的出蒜筒42，壳体41为上下两端开口的筒状结构，它与下压杆2连为一体，位置靠近下压杆2前端，在壳体41靠近下端的外壁面设有外螺纹。出蒜筒42为上端开口的筒体结构，出蒜筒42的底板上设置多个出蒜孔5，出蒜筒42的内壁设有与壳体41上外螺纹相配合的内螺纹，出蒜筒42通过螺纹连接在壳体41的下端。

（4）上压杆1的中后段设置有圆弧状的下凹部1a，与上压杆1为直杆的压蒜器相比，上、下压杆间的距离得以减小，在压制蒜泥时，能够一只手将上、下压杆同时握住进行操作，操作更为便利。

对于上述实施方案（1）至（3），我们可以将可拆卸的内筒42、可拆卸的插片42和可拆卸的出蒜筒42概括为可拆卸的出蒜部件，将内筒42、插片42以及出蒜筒42分别与壳体41之间位置关系概括为可拆卸地安装在所述壳体上，因此可以确定撰写的独立权利要求的最大的保护范围。

（三）确定交底材料中主要解决的技术问题，撰写独立权利要求

由上可知，技术交底材料中涉及的上述两个技术问题，可以形成用于分别解决每个技术问题的两个独立权利要求。在仅撰写一份发明专利申请的权利要求书时，我们需要从交底材料中判断哪个问题为交底材料中首要解决或主要解决的技术问题，哪个问题为交底材料中其后或进一步解决的技术问题。在明确之后，我们以首要解决或主要解决的技术问题实施的方案为基础撰写独立权利要求，将其后解决或进一步解决的技术问题实施的方案撰写为上述独立权利要求的从属权利要求。在客户提供的交底材料中，首先为了解决"清洗不方便"的技术问题，给出了三个实施例；然后为了解决"压杆为直杆，不方便单手操作"技术问题，技术交底材料了给出了一个实施例。以此，我们可以判断，首要解决或主要解决的技术问题是"清洗不方便"，其后或进一步要解决的技术问题是"压杆为直杆，不方便单手操作"。根据以上分析，因此，以解决"清洗不方便"技术问题的实施方案为基础撰写独立权利要求。

（四）根据实施例撰写适当数量的从属权利要求

为了形成较好的保护梯度，应当根据确定的主要解决的技术问题撰写一份包括最合适范围的独立权利要求和适当数量的从属权利要求的专利申请。应试者需要在正确全面理解交底材料的基础上，厘清思路，正确构架从属权利要求的结构和顺序，并调整权利要求之间的引用关系，避免从属权利要求保护范围不清楚的情况出现。

第三题参考答案（权利要求书撰写样例）

1. 一种压蒜器，包括上压杆和下压杆，上压杆与下压杆在两者的前端部活动连

接，在上压杆靠近前端部的位置设有压蒜部件，压蒜部件包括压臂和压盘，在下压杆上相应设有压筒，其特征在于，压筒包括与下压杆连为一体的壳体和可拆卸的出蒜部件，壳体为上下两端开口的筒状结构，出蒜部件上具有多个出蒜孔，所述出蒜部件可拆卸地安装在所述壳体上。

2. 如权利要求1所述的压蒜器，其特征在于，所述出蒜部件为上端开口的内筒，所述内筒的上端边缘设有外翻的折边，内筒的底部开设有多个出蒜孔。

3. 如权利要求1所述的压蒜器，其特征在于，所述出蒜部件为形状大小与壳体内部横截面基本一致的插片，插片上设置有多个出蒜孔。

4. 如权利要求3所述的压蒜器，在所述壳体下端沿垂直于压筒轴线的方向开设有插槽，在插槽下方、壳体内壁面上设有一圈环形的凸起，插片从插槽插入壳体内。

5. 如权利要求4所述的压蒜器，其特征在于，插片边缘设置有便于插拔插片的把手。

6. 如权利要求1所述的压蒜器，其特征在于，所述出蒜部件为上端开口的出蒜筒，出蒜筒的底板上设有多个出蒜孔，出蒜筒与壳体下端螺纹连接。

7. 如权利要求1—6任一项所述的压蒜器，其特征在于，包括出蒜孔尺寸不同的多个出蒜部件，根据需要更换不同的出蒜部件。

8. 如权利要求1—6任一项所述的压蒜器，其特征在于，所述上压杆的中后段设置有下凹部，当压蒜部件的压盘处于压筒底部时，下凹部的最低点略高于下压杆的上表面。

9. 如权利要求8所述的压蒜器，其特征在于，所述下凹部为圆弧形。

五、分析撰写的独立权利要求相对于现有技术具备新颖性和创造性的理由

2019年专利代理实务考试的第四题要求应试者简述所撰写的独立权利要求相对于现有技术具备新颖性和创造性的理由。该题的目的之一是考查应试者对于新颖性"单独对比"判断原则的具体运用。单独对比是指在新颖性判断中，不能将几项现有技术或者一份对比文件中的多项技术方案进行组合对比。该题的目的之二是考查应试者对于创造性的理解，尤其是考查一项权利要求具备创造性必须同时满足的两个条件，以及应试者运用"三步法"评述创造性的掌握情况。

第四题参考答案（所撰写的独立权利要求具备新颖性和创造性的理由简述示例）

1. 权利要求1具备《专利法》第二十二条第二款规定的新颖性

附件1涉及一种压蒜器，具体公开了如下技术内容（参见说明书第［0008］至［0011］段、附图1～3）：（具体内容省略）。其没有公开权利要求1中"压筒包括与下压杆连为一体的壳体和可拆卸的出蒜部件，壳体为上下两端开口的筒状结构，所

述出蒜部件可拆卸地安装在所述壳体上"技术特征，因此权利要求1的技术方案与附件1所公开的技术方案实质不同，因此权利要求1相对于附件1具备新颖性，符合《专利法》第二十二条第二款的规定。

对比文件1涉及一种家用压蒜器，具体公开了如下技术内容（参见说明书第[0005]段、附图1）：（具体内容省略）。其没有公开权利要求1中"上压杆与下压杆在两者的前端部连接，压筒包括与下压杆连为一体的壳体和可拆卸的出蒜部件，壳体为上下两端开口的筒状结构，所述出蒜部件可拆卸地安装在所述壳体上"技术特征，因此权利要求1的技术方案与对比文件1所公开的技术方案实质不同，因此权利要求1相对于对比文件1具备新颖性，符合《专利法》第二十二条第二款的规定。

对比文件2涉及一种防堵孔压蒜装置，具体公开了如下技术内容（参见说明书第[0005]至[0006]段、附图1）：（具体内容省略）。其没有公开权利要求1中"压筒包括与下压杆连为一体的壳体和可拆卸的出蒜部件，壳体为上下两端开口的筒状结构，所述出蒜部件可拆卸地安装在所述壳体上"技术特征，因此权利要求1的技术方案与对比文件2所公开的技术方案实质不同，因此权利要求1相对于对比文件2具备新颖性，符合《专利法》第二十二条第二款的规定。

2. 权利要求1具备《专利法》第二十二条第三款规定的创造性

附件1与对比文件1和对比文件2的技术领域相同，都属于将蒜瓣压制成蒜泥的压蒜器。与对比文件1、2相比，附件1公开本申请的技术特征最多（具体分析省略），因此附件1可作为本申请最接近的现有技术。

独立权利要求1与附件1公开的技术方案的区别在于：附件1没有公开权利要求1中的特征"压筒包括与下压杆连为一体的壳体和可拆卸的出蒜部件，壳体为上下两端开口的筒状结构，所述出蒜部件可拆卸地安装在所述壳体上"，根据该区别技术特征，权利要求1实际解决的技术问题是清洗不方便，对比文件1和2均没有公开上述区别技术特征，也没有给出设置可拆卸的出蒜部件以解决上述技术问题的启示，权利要求1的技术方案不是显而易见的，具备突出的实质性特点。

权利要求1的技术方案通过设置可拆卸的出蒜部件，从而方便取出出蒜部件，对残留物进行清洗，具有有益的技术效果。

因此，权利要求1相对于附件1、对比文件1、2或其结合，具有突出的实质性特点和显著的进步，具备创造性，符合《专利法》第二十二条第三款的规定。

六、单一性及另案申请

在以解决"清洗不方便"的技术问题实施的技术方案为基础撰写了一项独立权利要求后，还可以针对"压杆为直杆，不方便单手操作"的技术问题，撰写出另外一项独立权利要求。此时，需要判断两项独立权利要求之间是否具备单一性，以确定是提出一份专利申请，还是提出两份专利申请。

一项独立权利要求相对于现有技术作出贡献的技术特征是"压筒包括与下压杆连为一体的壳体和可分离的出蒜部件，壳体为上下两端开口的筒状结构，出蒜部件上具有多个出蒜孔，所述出蒜部件可拆卸地安装在所述壳体上"，从而解清洗不方便的技术问题。

另一项独立权利要求相对于现有技术作出贡献的技术特征是"上压杆的中后段设置有下凹部，当压蒜部件的压盘处于压筒底部时，下凹部的最低点略高于下压杆的上表面"，从而解决压杆为直杆，不方便单手操作的技术问题。

由此可见，两项独立权利要求对现有技术作出贡献的技术特征既不相同，彼此之间在技术上也无相互关联，从而两个独立权利要求之间并不包含相同或相应的特定技术特征，不属于一个总的发明构思，彼此之间不具备单一性，不符合《专利法》第三十一条的规定，因此应当分别作为两份专利申请提出。

第五题参考答案

另案申请的独立权利要求撰写样例

1. 一种压蒜器，包括上压杆和下压杆，上压杆与下压杆活动连接，在上压杆靠近前端部的位置设有压蒜部件，所述压蒜部件包括压臂和压盘，在下压杆上相应设有压筒，所述压筒上端开口、底部设有多个出蒜孔，其特征在于，所述上压杆的中后段设置有下凹部，当压蒜部件的压盘处于压筒底部时，下凹部的最低点略高于下压杆的上表面。

需要提出两份专利申请的理由：

第一份申请的独立权利要求相对于现有技术作出贡献的技术特征是"压筒包括与下压杆连为一体的壳体和可分离的出蒜部件，壳体为上下两端开口的筒状结构，出蒜部件上具有多个出蒜孔，所述出蒜部件可拆卸地安装在所述壳体上"，从而解清洗不方便的技术问题。

第二份申请的独立权利要求相对于现有技术作出贡献的技术特征是"上压杆的中后段设置有下凹部，当压蒜部件的压盘处于压筒底部时，下凹部的最低点略高于下压杆的上表面"，从而解决压杆为直杆，不方便单手操作的技术问题。

由此可见，两个独立权利要求对现有技术作出贡献的技术特征既不相同，彼此之间在技术上也无相互关联，从而两个独立权利要求之间并不包含相同或相应的特定技术特征，不属于一个总的发明构思，彼此之间不具备单一性，不符合《专利法》第三十一条的规定，因此应当分别作为两份专利申请提出。